品质书库 / 文爱艺编

和书

收藏·读书·写作

高兰祥
孟桂兰
著

同心逸兴

浙江古籍出版社

引

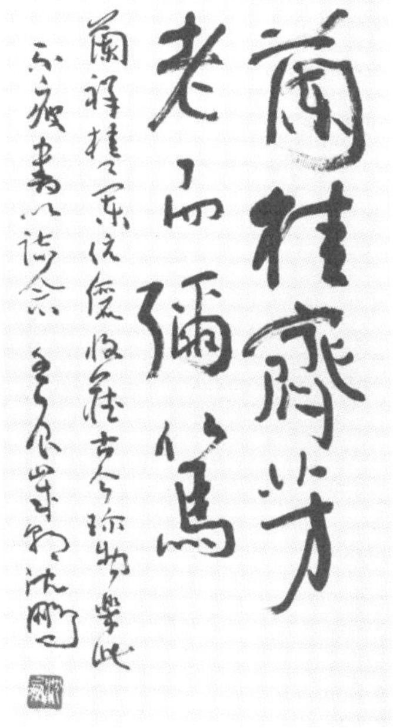

著名书法家、中国书法家协会名誉主席、美术评论家、诗人、出版事业家沈鹏先生为本书作者题词

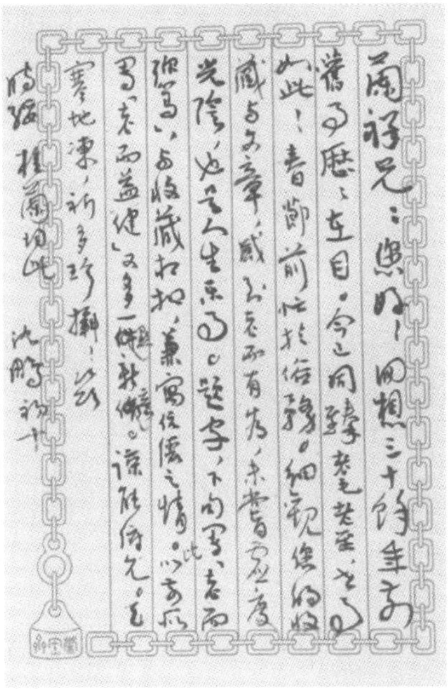

沈鹏致高兰祥信

兰祥兄：
您好！回想三十余年前旧事历历在目。今已同臻耄耋，世事如此！
春节前忙于俗务。细观您的收藏与文章，感到老而有为，未尝虚度光阴，也是人生乐事。
题字，下句写“老而弥笃”，与收藏相扣，兼寓伉俪之情。比以前所写“老而益健”又多一点新意。
谅能俯允。天寒地冻，祈多珍摄！

即颂
时绥
桂兰均此

沈鹏
初十

序

从工作岗位上退下来，有富足的时间，有物质生活保障；生活安宁，无忧无虑。生活在和谐盛世的好时代，尽情地享受人生之秋金色时光，真真切切体味到“最美不过夕阳红，温馨又从容”的人生佳境。兴之所至，我们与收藏结下了不解之缘。快快乐乐、潇潇洒洒漫步在广阔的收藏天地里，犹如登上高雅的文化艺术殿堂，又似走进神秘而情趣盎然的文化乐园，奇妙无比，其乐无穷。在收藏的同时，结合读书与写作，三位一体，相辅相成，以至于将大部分情感投入其中，夫唱妇随，乐此不疲。精诚所至，得到的回报是：增长了知识，开拓了视野，生活充实，心怡神安，颇有一种不知老之将至的快慰。这就是我们的晚年生活交响乐章——收藏、读书与写作同心逸兴三部曲。

收藏

改革开放以来，收藏之风兴起，且经久不衰。据中国收藏家协会十多年前统计，全国收藏大军逾七千万人，且以每年百分之十的速度递增。古玩市场、艺术品市场、拍卖行业空前繁荣，呈现出前所未有的盛世风貌。不搞收藏的人可能心存疑惑，收藏何以有如此大的魅力？其实，道理很简单，我们的民族是一个重视历史、珍视古人遗存、崇敬祖宗的民族。丰富的历史遗存之物，是看得见摸得着的文明历史，承载着光辉灿烂的华夏文明。因此说，收集、研究与传承历史文化

瓷 器

遗存，是一种利国利民、极富魅力的高雅文化活动。

收藏之乐趣，个中况味非亲身体验实难领悟。作为一名收藏爱好者，不奢望官窑御器，不追求尽善尽美，全凭自己的情趣爱好，凡是自己喜欢又能买得起的就收而藏之。如文房杂项、铜墨盒、紫砂壶、瓷器及字画等等，有古代的，也有现代艺术品。通过近二十年不懈努力，有的品类初具规模，并有专著出版。有些藏品只是蜻蜓点水，由于种种原因未能坚持下来。这些林林总总的藏品皆是与我们有情有缘的珍爱之物，每一件藏品背后都有一个不凡的故事。

其实，收藏不仅是为了拥有，重要的是追求的过程。在博大精深的传统文化里汲取营养，陶冶心灵，增强爱国情怀才是最大的乐趣。1997 年，在举国上下喜迎香港回归的日子里，我们怀着洗雪百年国耻无比喜悦与激动的心情，以收藏者独特的方式参与其中。倒计时 50 天，恰逢春雨，冒雨将两方珍贵铜墨盒（一方是爱国将领冯玉祥将军书“勿忘国耻”四个大字刻铜墨盒，制于民国九年八月九日；另一方是郭惠苍先生铭“胜利纪念”刻铜墨盒，时在民国三十四年十月二十四日）敬献给中国人民抗日战争纪念馆。中央电视台《焦点访谈》对此作了特别报道。能够将这两件文物珍玩以及我们对伟大祖国的爱，永久地珍藏于纪念馆，我们甚感欣慰。

读书

离开工作岗位，没有了工作负担，于自己的斗室悠然地读一点书，是最好的精神文化享受。喜欢读近代史，史可鉴今；对国学也感兴趣，但更多的是阅读鉴藏之类的书籍。面对源远流长、浩如烟海的历史文化遗存和古玩艺术品深邃的文化内涵，我们深感自己的知识匮乏，因而，坚持在收藏中学习，在学习中收藏，把看书学习作为增长知识、提高文化艺术修养的根本途径。

收藏者大都有过因缺乏知识而丧失良机的遗憾，也有通过学习，考证、破解出疑难的事例。一次在潘家园偶得一方清代大文学家袁枚遗砚，优质端石，形制古朴端庄，包浆甚好，砚背刻录一首

058—059 薄胎粉彩花鸟瓶 双

060—061 新彩红梅盘

062—063 粉彩丰收有余盘

062—063 花鸟小碗 双

064—065 新彩花卉糖缸 双

长诗。为了辨别真伪，我们查阅了有关资料，通读了48万字的《袁枚评传》。全书翔实的史料、精彩的叙事，帮助我们破解了这一疑案。同时，这位旷世奇才一生趣闻轶事，尤其是他那潇洒豁达的人生观、生死观，令我们至今难以忘怀。

还有一方失之交臂的铜墨盒，至今记忆犹新。十多年前，也是在潘家园旧货市场，一位摊主有一方铜墨盒，方形，铜质优良，刻字隽秀，署款刘春霖。铜墨盒堪称上乘。摊主要价700元，我惊讶，700元在当时已经是一个不小的数字了。我还以450元，未成交。摊主说，它是一位进士的遗物。我心里在想，中国历代进士何其多，但我并不知道其人是末科状元，书法家，又是一位颇富民族气节的文人。怀着这种犹豫，我又逛了一会儿，再来到这个摊位时墨盒已经被卖掉。我后悔与这方铜墨盒无缘，但未放弃求知欲望，回到家里查阅资料。

刘春霖（1872—1942），河北省肃宁人。光绪30年（1904）中状元，授翰林修撰。我国科举制度始于隋朝，至光绪31年（1905）推行学校教育，科举制度即废除，在1300余年间共产生700多名状元，刘春霖是最后一名状元。

刘春霖得状元还有一个典故。按惯例主考官在阅完所有的考生试卷，选出十名，并按名次排列。其中朱汝珍是第一名，刘春霖是第二名，呈送慈禧太后钦定。慈禧阅卷看到朱汝珍是广东人，不禁让她想起太平天国的洪秀全，维新派的康有为、梁启超，还有孙中山都是广东人，全是“造反派”，于是将朱汝珍的试卷扔到一旁。尔后慈禧又看到刘春霖的名字，以为有吉祥之兆，“春霖”春风化雨，“肃宁”肃静安宁，一片太平景象，于是圈定名列榜首。

刘春霖不仅博学多才，造诣深邃，同时还是一位颇富民族气节的爱国文人，在日伪统治时期断然拒绝高官厚禄坚辞不仕，于贫困中终老一生，其行止令人肃然起敬。

宝物未得，还是收获了更可贵的东西。饶有兴致地结合收藏品读书，犹如徜徉在传统文化殿堂之中，仰望先哲之风采与文采，感受收藏文化无穷魅力。

写作

收藏、读书，然后有感而发撰写

"收藏随笔"，将自己的感悟分享给他人，尽收藏者传承与弘扬历史文化遗存的一份责任和义务。

写作的过程是深入解读藏品与挖掘藏品内涵的过程，也是抒发情怀、升华收藏境界的过程。本斋收藏一方"冀中一日活动"刻铜墨盒，五角星形，盒面刻毛泽东主席像，墨盒表面自然形成一层历经沧桑的包浆。此铜墨盒考证好几年未获进展，后来还是当年在冀中工作的著名作家魏巍同志告知，"冀中一日"活动《孙犁文集》有记载。于是立即到北京图书馆查阅，才弄清了来龙去脉。1941 年春，由冀中党政军首长程子华、黄敬、吕正操等同志号召发起的一次写作活动。动笔写稿者近十万人，从上夜校识字班的妇女，到用四六句字文言文的老秀才老绅士，还有老太太口述着找人替写。稿件多至需要用大车拉着打游击。初选 200 多篇，于 1941 年秋油印出版。它生动地记录了冀中人民抗战初期的战斗生活，是一部人民大众文学巨著，将永载于抗日战争壮丽史册。第五行政区政府为评比一等奖获得者颁发此铜墨盒，以资鼓励。接着，又阅读了《吕正操将军回忆录》，掩卷而思，我的心灵为之震撼：这方诞生于抗日烽火中的铜墨盒，向人们诉说着那场英勇悲壮的战争。心中涌动着崇敬和激情，我拿起笔来精心构思撰写《冀中大地·抗战奇观》，发表在《广电老年》2008 年第 8 期。先后在《收藏家》、《中国收藏》、《收藏·拍卖导报》《老人天地》、《时代财富》、《广电老年》等报刊发表了 30 余篇文章。《铜墨盒珍赏》一书在老友沈鹏同志的热情鼓励与支持之下，承蒙文物出版社于 2007 年出版。每一篇文章皆凝聚着我们的心智和情感。年内还将再出版一部新书，书名就叫《同心逸兴》。此书虽然称不上华彩篇章，但可以说是我们近二十年辛勤耕耘的结晶，是一部呕心沥血之作。

伴随收藏、读书、写作走过了近二十年，有辛勤耕耘，有收获的喜悦，也多了一点对人生世事的感悟。未尝虚度时光，可以聊以自慰吧！

高兰祥　孟桂兰

2011 年 12 月于北京双兰斋

070—071 粉彩花鸟瓶 双

072—073 粉彩山水印盒

074—075 釉中彩龙江颂瓶

076—077 新彩虾趣图小瓶

078—079 粉彩花鸟瓶

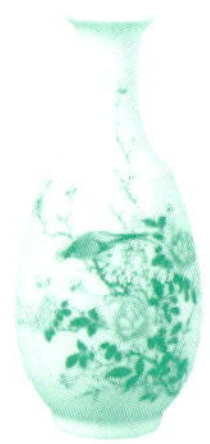

收藏随笔

傲霜斗寒见精神——白雪石先生画梅

梅报春早，独占花魁，历代诗人画家讴歌不已。千百年来画梅名家辈出，当代画梅高手亦不乏其人。著名画家白雪石先生（1915—2011）以山水画著称于世，同时亦喜画梅，自家风格独具。

白雪石先生画梅讲究笔墨气韵，着意表现梅之奇古高华风骨气概。他笔下的梅苍老而朴茂矫健，既充满阳刚气象峥嵘之壮美，又蕴涵奇丽清雅动人之秀姿。此幅古梅图，笔法老辣遒劲，枝干盘曲，疏密参差，纵横跌宕。正所谓“曲如龙，劲如铁，长如箭，短如戟”，强烈地表现出古梅顽强的生命力。用墨或枯或湿若浓若淡，笔墨融合，随意点染。梅花以淡红色轻轻点簇写意，更显其清香冷艳冰肌玉容之风韵。

先生钟情于画梅，将自己的情与志融化于独特的绘画语言之中，故能出神入化，引人入胜。初观此幅古梅图，让人感到别有一番苍中寓翠、冷香逼人的视觉美感。待细观品味解悟其画理内涵，还会发现这古梅精神气质、深远意境更胜一筹。梅在人们心中，千人千咏。有吟其“冰霜雪压心犹壮，战胜寒冬骨更坚”之傲骨气质者；有咏其“老树已成铁，逢春又开花”老而弥坚的坚强不屈之精神者；或赞其“俏也不争春”功成不居之风范者。皆以咏物抒怀言其志也。这古梅在我心目中就像一位坚韧不拔自强不息的老翁。他历经沧桑，依然风姿依旧，还是那样光彩照人。

画如其人。白雪石先生光明磊落，胸怀坦荡，待人真诚，助人

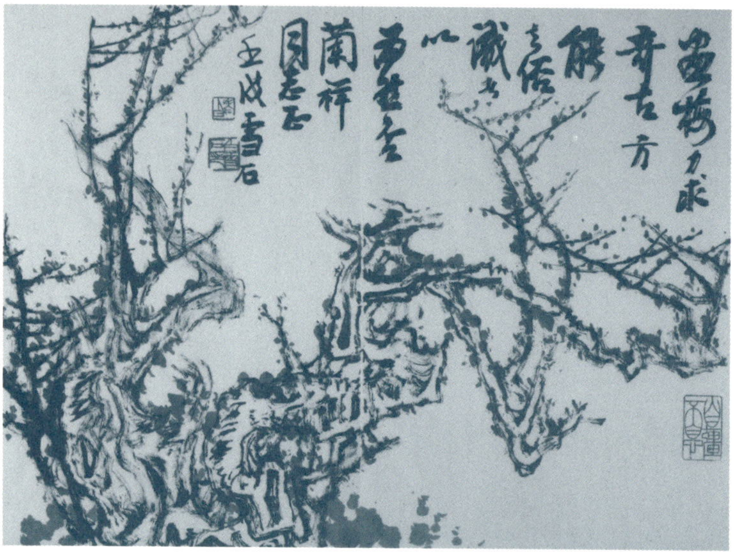

为乐，热心扶持年轻人和残疾人，其品德与学养在当今画坛是有口皆碑的。

清纯淡雅意味长——林锴先生《双兰图》

兰是花卉中的名品，其形质之美深受人们喜爱。伟大爱国诗人屈原曾写下“秋兰兮清清，绿叶兮紫茎，满堂兮美人”的咏兰名句。兰亦是历代画家常画不衰的题材之一。据记载，写兰始于宋，元、明、清以来高手辈出。历代文人墨客常借兰喻人抒怀，以兰比喻坚贞高洁的品格，与梅、竹、菊合称“四君子”。在文人画家笔下的兰，讲究画内有情思，画外有意趣，画出兰的精神气概。其实，欣赏者的着眼点也在于此。

我同老伴的名字皆有一个兰字，故蜗居取名“双兰斋”。林锴老友1987年特为本斋赐作《双兰图》。林先生写兰与众不同之处，以朴茂苍古的篆隶写兰叶，刚柔相济苍秀并出，线条流畅而富弹性，花蕊淡雅幽香浮动。两株兰穿插有致，相扶相携，物象深而化之。题写“室有双兰，春光不弹”。饱含情感的造型语言与含英咀华的诗句相结合，作品意境陡然为之升华。此墨宝挂于室内与我相伴，总给人一种春光常驻之感。

林先生的人品画品向来被美术界所赞誉。他原籍福州。20世纪50年代初毕业于浙江美术学院，是中国画山水专业的高才生，他又是一位画坛多面手，精于山水，兼擅人物、连环画，书法、诗词、篆刻亦有高深造诣。他创作严谨，画风朴实。画很少有穷

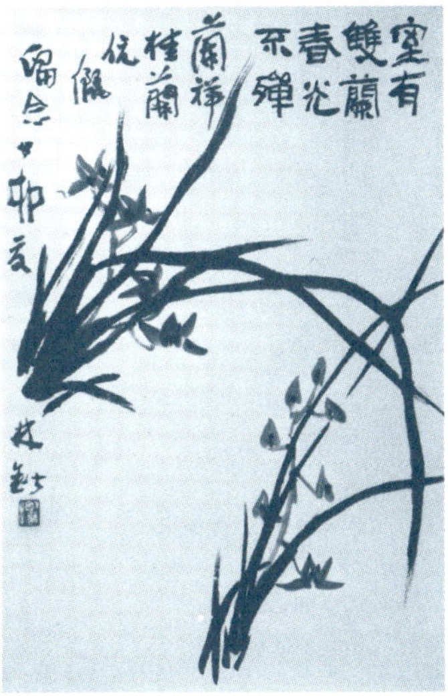

款，大多融诗、书、画、印于一体，深得文人画精粹，赏之有余味。这与他的人格、学养、诗人气质是分不开的。艺术大师潘天寿曾说：“艺术性之高度，是建立在艺人品德上、天才上、技巧上、学养上，而非建立在艺人题材之对象上”。又说“品格不高，落墨无法。可与罗丹所谓‘做一艺术家，须先做堂堂之人’一语相互启发”。林锴先生正是遵循他的恩师这样做的，所以才有如此之成就。

董寿平先生墨竹

古往今来，人们都喜欢竹。喜欢它的秀美，更爱它坚强不屈的的品格。现代著名书画家董寿平先生（1904-1997）是一位写竹高手。早在 20 世纪 30 年代，他的梅、竹就扬名华夏，与当时诸名宿并驾艺林。笔者曾亲眼目睹先生暮年写墨竹，其神采风韵之潇洒、笔歌墨舞之情趣，令观者无不为之陶醉。中国画强调“书为画骨”，写竹须以书入画。董老书法具有深厚的造诣，晚年书法更臻隽逸完美。先生写竹以行草笔法的节奏、韵律，以及轻重徐驰、提按顿挫富有变化的笔触挥写，笔情墨趣书味十足。他写竹竿，墨有浓淡干湿之分，用笔劲健急速，婉丽中见刚正；他写竹枝，遒健圆润，笔意贯穿，生意连绵，叶与枝、节之间笔断而意连；他写竹叶，逸笔草草清雅润秀，阴阳向背、左顾右盼，跌宕起伏，风采韵致叶叶有姿。其构图布局、题款尤精于章法和整体气势，画界称赞他的竹是融诗情美、意境美、音律美、形式美于一体的艺术珍品。

我喜爱董老的墨竹，更敬重董老人品。他为人谦和，学识渊博，儒雅健谈。听其谈话会让你在妙趣横生中得到教益和启迪。他襟怀恬淡，不以物喜，不以己悲，淡泊名利，一生谨慎。他在古稀之后，出于对国家和家乡的赤子之心，将自己的作品和所藏艺术品无私奉献给山西省太原市。山

092—093 青花兰草图小壶
094—095 粉彩薄胎九桃大碗
096—097 粉彩戴胜鸟瓶
098—099 粉彩花鸟盘
098—099 新彩凝眸盘

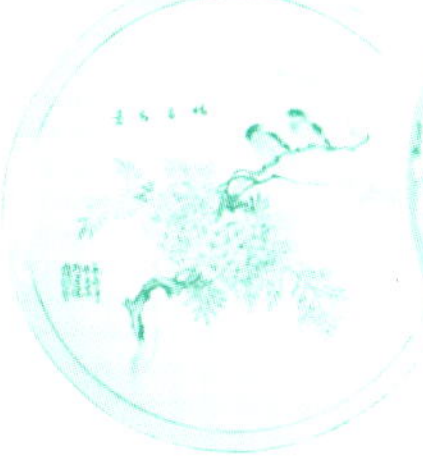

西省为此在太原晋祠建造了董寿平美术馆，供人们观赏。这一义举被广为传颂。

哲人已逝，丹青翰墨犹存。读其画、忆其人，让我由衷生怀念和崇敬之情。

赏画抒怀 益老益健——兼及张广牧牛图

不少人喜欢于室内挂上一两幅字画，它不仅会给居室增添几分雅兴，能起到装饰美化的效果，在闲情逸致中欣赏品味还是一种艺术享受。如若达到神与物游物我两忘的境地，则会顿觉神清气爽。所谓“养心在静”、“丹青不知老将至”，其理即在于此。清代画家方熏论绘画审美作用时亦云：“一丘一壑，一草一花，使望者息心，览者动色”，“云霞荡胸襟，花竹怡情性”。一幅书画有此魅力，这是艺术品本身的感染力，它使欣赏者在欣赏中获得艺术认知的愉悦。特别是中国画注重诗、书、画、印完美结合，这就给观赏者提供了多种艺趣。因此，我以为老年人欣赏书画是一种有效的调剂，既能充实个人精神文化生活，又可以陶冶情操自我美育，对身心是大有裨益的。据医学科学证实，欣赏书画和其他艺术品能祛病养身延年益寿。何以如此？据说是人们欣赏艺术品时产生的这种快感情绪在脑内产生一种类吗啡物质，它对人体能起到奇妙的保健效应。

一幅好的书画能给观赏者以美感，而且这种美感能够长久地印在脑海中潜移默化，甚至不断升华，这是艺术欣赏者所追求的境界。当然是需要在艺术欣赏实践中去培养和提高的。笔者多年来喜欢欣赏书画，暇时常同夫人一起逛画店，尤好观摩艺术品拍卖展示

100—101 新彩冬咏盘

100—101 粉彩雪景盘

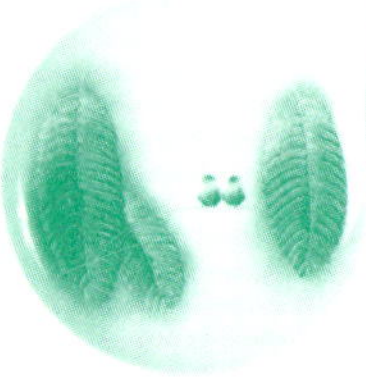

102—103 指画双鸟盘

102—103 新彩菜香盘

104—105 粉彩风雪归庄薄胎小瓶

会，饱览书画、古玩及其它艺术品。家藏的几幅书画有的珍藏多年，可以说是屡看不厌，每一次展读总是浸沉在美的愉悦中，心灵有一种陶醉的快感。张广先生《牧牛图》是我非常喜欢欣赏的一幅画。展开画卷，两个纯真可爱的牧童骑在憨厚温顺的老牛背上，沐浴着和煦的春风，漫游在清澈的河水中，心情该是多么纯净和惬意啊。赏此画让人感受到一种质朴的田园牧歌情趣，顿觉心旷神怡而进入欣赏佳境。

张公是一位颇有才华的画家，他擅长人物、牛、马、火鸡、尤以画牛著称，在海内外享有佳誉。这得益于他在干校的生活体验，不断地写生静观默察，以牛为师，形成自家风范。他的画有深厚的文化底蕴和浓郁的乡土人情味。他笔下的人物、动物姿态栩栩如生，有神、有情、有趣，每一幅画都是一首和谐友爱之歌。作品无疑是作者心灵世界的真实写照，因而才能触动观赏者的心扉，具有感人的魅力。

高原之春

徐希，著名山水画家，亦能人物、花鸟画。1940年出生于浙江省绍兴，自幼聪慧喜画画，初中毕业后考入浙江美院附中，后升入浙江美院本科。毕业后分配到人民美术出版社任美术编辑，在创作室专事国画创作。他以画晨景、夜景、雨景著称。画风清新抒情神妙，看他那如诗如歌的《湖上晨曲》；月色朦胧的《夜临清漓》；雨雾濛濛的《江南喜雨》，一幅幅如梦幻迷人的美景，无不令观者折服。

由此，他曾荣获海内外多个奖项：1981 年，在《奇妙的亚洲》画集评选赛中，每个国家只能选送一位画家的两幅作品参赛，竞争相当激烈，然而，他的《长城》和《布达拉宫》获第 1 名；1982 年，第 8 届国际绘画展，他的《湖上晨曲》荣获大奖；1984 年，在日本筑波世界博览会上，他的《江南喜雨》得三等奖，等等。

此图是其西藏之行归来所作，以藏南之景寄情写实，苍茫高耸的远山，广袤肥沃的田野，藏族儿女愉快地劳作，美丽的高原之春，令人神往。

徐先生为人真诚，治艺真诚，作品闪烁着真诚的人格魅力，在当今画坛享有威誉。

边塞少女

此幅边塞少女图，描绘一位少数民族少女着民族服饰，肩挑水桶缓缓前行，体态轻盈婀娜，一只小雀落于竹竿欢叫地鸣叫，更添几分雅趣。人物形象化入自然环境，意象境界和笔墨交融在一起，平淡自然而富韵致。

楼家本先生，浙江宁波人，1941 年生，1960 年入中央美院中国画系，1966 年毕业后到人民美术出版社创作室工作，1978 年入中央美院中国画研究生班，1980 年毕业后留校任教为壁画系教授。他的代表作有大型屏风画《华夏魂》、《离骚图》、巨型壁画《江天浩瀚》及卷轴画《月色》等。

楼公笔墨功深，造型精准，得益于他在校学习和工作后创作中刻苦钻研练就的扎实造型基本功，并不断

追求绘画形式的多样，融中西技法于一炉，因而构图新颖，形象生动，富民族特色和生活气息。

年逾古稀的楼兄，依然在他的艺术道路上不懈地探索，向着艺术巅峰攀登，祝愿老友老而弥坚，艺术青春常驻。

吴悦石先生其人其画

上世纪80年代初，一次在一位朋友家里与吴悦石先生幸会相识，那时他在北京画店任职。初识给我的印象是：其人儒雅豪爽，其画传达着浓厚的文人气息。逐渐熟识后，方知他的人生经历很不平凡，充满传奇色彩。不平凡的人生经历，铸就了不平凡的品格和卓越的艺术才华。

先生从小喜爱书画，很有天赋和才气，曾拜师著名画家王铸九先生学画，虚心好学，进步很快。然而，正当青春年华，在那非常时期却遭遇了不幸，被下放到京西山村去务农，长达10年之久。凄苦的生活，繁重的劳动，不但未磨灭其画画的诚心，反而使他更加发愤磨砺意志，白天劳作，夜晚写字画画，废寝忘食，日复一日地苦练，年复一年地积累，绘画技艺大有长进。后又拜师著名画家董寿平先生学画，同时，远涉徐青藤、八大山人、石涛等诸大家，博学精纳为己所用，逐渐形成率意、凝重、苍辣、雄奇的自家画风。他深谙学书画不仅练技艺，更应注重“功夫在画外”，“读万卷书，行万里路”之哲理，遂精研国学和绘画理论，力求融会贯通。青年时代他便开

始遍游祖国各地，深入生活，写生创作；壮年时代又曾寓居香港和海外长达16年。丰富的人生阅历为其创作注入了不竭之源，也使其作品具有与众不同的风貌，既有沉淀深厚的传统文化风格，又不失时代精神。品赏他的画，尤其是在海外漂泊多年回归后的作品，民族传统的东西更浓郁、更纯正、也更耐看，这不能不让我们敬佩这位当代国画写意大家的真诚和卓识。作品为人民

122—123 庄生梦蝶壶

124 松风壶

125 蟹趣图壶

126 独竹壶

127 石榴图壶

大会堂、中南海及多家博物馆、纪念馆收藏。出版有《吴悦石画集》、《吴悦石作品集》。现任中国美术家协会会员、东方美术交流学会常务理事兼副秘书长、中美文物交流协会名誉会长，美国亚洲艺术研究院院士等职。

此幅水仙图创作于上世纪80年代。以细笔勾画出一枝亭亭玉立的水仙，繁花竞放，又以阔笔补一巨石，用笔酣畅淋漓，潇洒奔放，极大地强化了画作的灵动性和节奏韵律，从而进入高层次的审美意境。

猴年话猴

在十二生肖中，猴子是最机灵最活泼的动物，它是人类可爱的朋友。说猴子不能不联想到《西游记》中的孙悟空。它那技艺非凡、无私无畏、大智大勇、忍辱负重、热爱自由、忠于理想的形象，成为古往今来人们崇拜的英雄。特别是搬上银幕和连环画的《孙悟空大闹天宫》、《三打白骨精》等，更是家喻户晓妇孺皆知，深为广大群众所喜爱。

在绘画中，留给人们深刻印象的画猴大家中有已故著名画家刘继卣先生。他创作的组画《闹天宫》，以精湛的绘画技巧刻画了孙悟空的生动形象，而成为传世经典之作。还有一位钟爱画猴的画家，就是著名画家李燕先生。他画的猴子意深趣雅，形神兼备，重“感物吟志”，在诗情画意中表现“画中有情”“画中有我”。他画的《采食图》，以意笔为之，浓墨点出猴子的眼、耳、

手和脚，淡墨表现毛发柔和的质感，眼神和手脚刻画尤为惟妙惟肖。一只活灵活现的猴子，怀抱着辛勤采撷的果子跃然于山石之上，机智的目光和欣喜的神态呼之欲出。国画大师李苦禅先生挥笔题款，其时大师年已85高龄。如今大师离我们而去已有20余载，低徊展读佳书宝绘，不禁黯然生缅怀之情。

苦禅老与李燕先生为人的真诚、豪爽、善良，给我留下深刻的印

128—129 大有馀壶
130—131 太湖扬帆壶
132 宋人诗意图壶
133 大哉乾元壶
134—135 春华秋实壶

象。近日，观看央视书画频道播放的专题片——《美术大家爱国艺术家苦禅大师》，更让我对苦禅先生的人格魅力，从心底里生敬佩和仰慕之情。苦禅先生不愧为是中国文人画家杰出代表，一生充满艰辛坎坷和传奇。他那爱国爱民、爱憎分明、光明磊落、豁达善良的高尚道德情操，在人们的心目中树立起一座爱国画家不朽的丰碑。

白石弟子卢光照先生

卢光照先生离我们而去快二十年了，但他的音容笑貌依然深深地印在我的脑海里。先生为人坦诚，性格开朗，和蔼可亲。他从解放初期在人民美术出版社担任编辑一直到退休，甘为他人作嫁衣几十年。然而，谁都晓得他是齐白石老人的入室弟子，并深得老人器重。白石先生送给他的条幅就有“吾贤过我”之句，老人在他的画上题款：“画才过我”，“别有思想”。这故然是老人爱才和自谦，却也看得出这位得意门生的潜质所在。卢老从编辑工作岗位上退下来后，以全力投入到花鸟画创作。他擅作写意花鸟阔笔巨构，画风浑朴清新，寓拙于雅极富气韵。其代表作有为人民大会堂创作的《荷风》，以及《鱼乐图》、《松鹰》等等，大气磅礴，笔墨恣肆纵横，色彩鲜明强烈，追求似与不似写意之风神骨气。其晚年创作了不少发之情思的杰作，尤喜画《鱼乐图》，亭亭玉立的荷花，生机勃勃，几条小鱼在水中悠然自得地漫游。常常题款写：“余心情如鱼之乐也”等。先生赠予《八哥桃花图》，图写桃花盛开，春色满园。一双八哥俦侣相伴相依傲然立于巨石之上。整幅画用笔遒劲洒脱，墨色淋漓酣畅，桃花赋色艳丽而不柔媚；以浓墨涂写八哥，更凸显其矫健豪迈之神态，此乃卢光照先生写意花鸟画高妙之所在。

136 荷塘清趣壶

137 大寿三千石瓢壶

138 中奥壶

139 世博「六合」提梁壶

140—141 韵竹壶

新中国成立后，活跃在江苏省国画院的著名画家傅抱石、钱松喦、亚明、宋文治、魏紫熙等被称谓“新金陵画派”。其画风清新隽永，时代气息浓郁，为中国画的推陈出新做出了杰出贡献。

宋文治先生（1919–1989），江苏太仓人。自幼习画，后来得到吴湖帆、陆俨少指教，遂技艺大进。1957年进入江苏省国画院至逝世。几十年勤奋笔耕，努力创新，卓然成为山水画大家。其笔意清新挺秀，气势恢宏，风韵动人。

此幅拟古人笔法山水图，先生于1986年秋日作于北京民族饭店。图绘江南山水景色，远景迷迷濛濛，山峦透迤；近景山丘隆起，山环水抱，幽溪小桥屈曲萦带，又有茂林草舍掩映其间。然而，当你细细观摩品味，这房中无人，风不动，树不摇，水不流，船不行，一派超凡隐逸幽静的气象。作者自署拟古人笔法。

先生的山水画闻名遐迩，同时，他还是一位鉴藏家。藏品中有明、清书画佳品和现代名画。1989年他将一生精心收藏的30多幅书画精品，30件古陶器，连同他近百幅山水画精品捐献给家乡太仓建立起“宋文治艺术馆”，让家乡父老共享中华文化遗产之精华。

屈子行吟图

中华民族绵延五千年的文明史，

142 紫砂书画合璧壶

143 我善养吾浩然之气壶

144 八方壶

145 掇只壶

146—147 清风竹韵壶

涌现出无数可歌可泣的英雄人物。生于两千二百多年前的伟大爱国诗人屈原，作为其中一位杰出代表，像一座丰碑永久地矗立在人们心中。他一生为追求真理坚贞不屈，最后自投汨罗江以死殉国，其高尚情操永远激励着华夏子孙为振兴中华而努力奋斗。他那充满忧国忧民情怀，脍炙人口的诗篇千古传诵。

为历史人物造像不是一件容易的事，准确地表现人物形、神、情的完美统一就更难了。正所谓“丹青难写是精神”。当代人物画家、中央美院教授刘凌沧先生，传统绘画功力深厚，擅于以形写神描绘历史人物。他笔下的李白、杜甫、文成公主等艺术形象，个个光彩夺目，熠熠生辉。于上世纪八十年代初，特为笔者所作的《屈子行吟图》是他晚年之作，以秀劲流畅的画笔，着力从其性格、气质、生活行为特点入手，刻画这位爱国诗人的精神风貌。屈原位居画面中央，头戴高耸的切云冠，独立于江畔，他那憔悴的面庞、刚直的浓眉、深邃忧虑而坚毅的目光、满怀悲愤的表情，都得到细腻精准的刻画。在背景与环境的安排上简括萧疏，以烘托人物形象。整幅画用笔娴熟而凝练，衣纹勾勒精细，敷色淡雅沉稳，人物神采毕现。

我们的国家是一个英雄的国度，我们的民族是一个崇敬英雄的民族，无数英雄赞歌，无数英雄造像，谱写了伟大民族英勇而悲壮的历史。当今社会主义新时代，更是英雄辈出的时代，我们

148—149 案头伴君读壶

150—151 兰桂清芳壶

152 大吉羊壶

153 凤慧壶

154 琼楼情韵壶

应当呼吁艺术家们肩负起历史的责任，为新时代讴歌，为新时代英雄造像，谱写出不愧于新时代的正气篇，让它在社会主义文艺园地绽放异彩，让华夏之魂万古长存。

融诗入画铸梅魂

此幅梅花图是著名画家赖少其先生于粉碎“四人帮”之后的第一个夏天小住京城时，乘兴以陈毅《红梅》诗意挥毫为之，诗情画意交相辉映。展开画卷，金冬心“漆书”体咏梅诗句题于右侧，颇为夺目。一株古梅苍健挺拔，树干以淡墨写出，斑剥简劲有力，细笔勾花点蕊，花光迷离恍如晓雪。整个画面布局合理，黑白对比，疏密得宜，生动地表现出梅之凌寒斗雪傲骨风韵。

诗作者陈毅元帅酷爱诗词，毕生作诗词300余首，就是在坚持赣南游击战极端艰苦的环境里，在沉着应战之余也未舍弃作诗，挥笔写下惊天地泣鬼神豪情盖世之诗篇：“断头今日意如何，创业艰难百战多。此去泉台集旧部，旌旗十万斩阎罗。”毛泽东主席称赞他的诗“豪放奔腾”、“大气磅礴”，此评语甚为中肯。

“隆冬到来时，百花迹已绝。红梅不屈服，树树立风雪。”这首诗作于1960年12月。在那“非常时期”时任国务院副总理、外交部长的诗人忧心忡忡长夜不寐，托物言志，抒发了一位无产阶级革命家在重重困难面前无私无畏耿耿忠心之情怀和信念。诗文格调清新，不饰雕琢自然天成，体现了陈毅之诗格。

画作者赖少其先生早年毕业于广州美术专科学校。20世纪30年代初参加新兴木刻运动，为中国第一代木刻家之一，1939年参加新四军，跟随陈老总转战南北。全国解放后，在繁忙的公务之余，坚持书画创作，长期不懈地努力，他的山水画形成苍劲雄浑

155 三国演义饱尊壶

156 水浒传石瓢壶

157 西游记掇球壶

158—159 熊猫壶

160 清风壶

的"北派"风格，他的字方笔如削，峭拔劲利而富金石味。品读此幅咏梅图，不难窥见其艺术造诣之深厚，画作格调之高雅。画家笔下描绘的梅已经不是一般应物象形之梅，它是有情思有灵性之梅，它蕴涵着画家对陈老总深深的缅怀敬仰和迎来春天的喜悦心情。

刘继卣先生双兔

刘继卣先生，天津人，幼年随父刘奎龄学画，秉承家学耳濡目染，十来岁便显示出绘画才能。16 岁进入天津市立美术馆后，又系统地学习速写、素描、水彩、油画，为写生与创作打下了基础。之后，在 40 多年的艺术实践中，他始终恪守以形写神、形神兼备的路子，以严谨的治艺态度，长期地通过实地写生、默写，以及对动物习性的精微观察，追求惟妙惟肖的艺术效果。在动物画领域里他是多能的，翻开先生动物写生画册，简直让人惊叹不已。无数的翎毛走兽，有走的、有跑的、有飞的、有跳的；有憨态的可掬者，有机智调皮者，观此画册仿佛是走进了一个多彩而神秘的动物世界里。脑中包罗动物世界万象，一旦进入创作就能挥写自如，无论是兴风呼啸的狮、虎，还是活泼可爱的禽鸟，个个结构严谨，造型准确，形神毕肖，给人以呼之欲出之感。

刘继卣先生对中国绘画艺术的另一大贡献是创作了一批脍炙人口的连环画作品。古代题材如《东郭先生》、《大闹天宫》、《武松打虎》，革命历史题材如《鸡毛信》、《王秀鸾》，现代题材如《穷棒子扭转乾坤》、《朝阳沟》，童话题材如《奇怪的旅行》、《乌鸦与狐狸》，等等。这些作品深受广大读者的喜爱。《鸡毛信》

161 传炉壶

162 海天佛国壶

163 双兰壶

164 古民居壶

165 游子吟壶

曾获1955年中国保卫儿童委员会儿童作品评奖一等奖。《穷棒子扭转乾坤》曾于1963年获第一届全国连环画评奖一等奖。《武松打虎》1956年曾获第五届世界青年联欢节美术奖。多少年来，刘继卣所绘的连环画作品给几代的青少年读者以深远的影响，而且，对连环画艺术的革新和发展起了极大地推动作用。

刘继卣的巨构或小幅皆耐看，《双兔》是一幅小品，构图简洁。作者以熟练的技法，绘两只兔子，衬以青竹。笔法活脱，墨色浓淡适度，兔子造型准确，温顺可爱。可以看出先生家学渊源与融合西画技法的深厚功力，用笔与用彩晕染皆达到炉火纯青的境界。此作创作于上世纪八十年代初，也正是其艺术进入巅峰时期。

继卣先生不幸过早地放下了心爱的画笔，这不能不说是画坛的一大损失。值得欣慰的是他的子女接过刘家衣钵，正在辛勤地耕耘，个个皆有不凡的业绩。

怀念王雪崖同志

老友雪崖同志长我5岁，我们同住一个大院多年，隔窗相望，朝夕相见，常常在一起谈文论艺，在鉴赏收集书画方面得到他的教诲和帮助颇多。他谦恭儒雅，乐于助人，除了挚爱书画外，还喜欢太极拳功夫，据说曾得到一位高僧的真传，经常在院内练功，许多人观摩并向他求教。时光流逝，老友仙逝已多年，但他的高尚人品、画品与学养深深地铭刻在我的脑海里。

雪崖同志，1927年生于四川省开县，自幼酷爱艺术。1949年毕业于重庆西南美术专科学校（今四川美院）后参加中国人民解放军，曾多年任高级军政首长秘书工作，在繁忙的工作之余，仍坚持美术创作。1957年在北京中国画院进修人物画，1976年入北京画院，曾任秘书长、副院长等职，为中国美术家协会会员。他擅长泼墨

166 文明时代壶

167 天世（心）月圆壶

168—169 东坡提梁壶

170 夕阳红壶

171 龙窑壶

写意山水画，画法受八大山人、石涛，特别是黄宾虹的影响较深。作品风格浑朴、凝重、豪放，笔法则多采泼墨与点彩相结合。晚年画风更有较大的变化，并取得了显著的成绩。他强调“坚持走自己的路，勇于探索，大胆追求，民族精神与时代精神相结合，抽象与具象相结合，汲取古今中外绘画精华”，创立新面貌，攀登新高峰。雪崖同志逝世后，他的女儿王雎为他出版的《雪崖画集》，共遴选60余幅作品，多为晚年创作的精品。笔墨元气淋漓，墨华飞动，描绘祖国山河壮丽美景，传达作者的情感和艺术个性。他的作品曾赴日本、美国、加拿大、新加坡等国展出，颇得佳誉。

雪崖同志赠予的此幅山水画，是上个世纪八十年代中期，我们一起应邀赴烟台时所作。此时他的画风正在变革中。

题洪藏同志画松梅图

“岁寒三友”志道同，
坚贞高洁千古颂。
傲霜凌寒斗风雪，
风雪浸骨骨更硬。
先师挥毫吐胸臆，
逸笔纵横韵格清。
画品人品滌尘俗，
睹物追思更念公。

洪藏同志（1913—2006），1933年就读于上海美专，开始接触马列主义著作，参加进步美术团体“MK木刻会”。1935年毕业回到广东普宁兴文中学担任美术、音乐教师，在地下党领导下，积极地投入抗日救亡运动。1937年秋

加入中国共产党，1940年赴苏北参加新四军。解放后，从事电影工作，任电影局副局长兼中国电影发行放映公司党委书记兼总经理。1985年离休又握画笔，喜画松、竹、梅，以借物抒怀言志。

洪藏同志是一位为我们所敬爱的革命前辈。他胸怀坦荡，为人宽

172 清芬悠远壶

173 舞春壶

174 鱼罩壶

175 易经句壶

176 牛盖莲子壶

厚、善良、正直、平易近人，值得我们深切地怀念。

诗书兼美 清馨溢远

——读沈鹏同志诗与书法

书法艺术是中华民族传统文化之精粹，数千年来代代相传，形成了独特的美学思想和无穷的艺术魅力，历代于此道卓有成就者不乏其人。当代书法家中，具有深厚的文化艺术修养及鲜明的个人品格风貌，诗书俱佳，并对这一传统文化艺术大力继承和开拓者，当属沈鹏先生。

沈公善诗工书。他的书法内蕴深厚，意韵悠远，尤其是自书诗手迹，诗书合璧，可咏可赏，给人以双重的艺术享受。先生2002年创作的《跋自书行草古诗十九首》：“古诗溯悠远，音响一何悲！世路或可逆，物事与心违。念彼浪游子，无枝可凭依。天寒复日暮，人马相困疲。欲采芙蓉去，远道又多歧。漫云客行乐，聊自解忧思。我书《十九首》，生年不共时；上下二千载，墨迹和泪垂。何以慰游子，报与明月知！”诗人穿越尘封的岁月思接千载，借古诗抒怀。诗和书相融相济，书法助诗兴，诗情升书艺，达到精妙圆熟的境界。又如《采桑子·经大西洋城阅报悉沈阳于“九·一八”建立大型警世钟》：“柳条湖水秋应好，岁岁今朝，又是今朝。和泪松花江上谣。　向洋送目西风劲，往事灰销，未忘灰销。警世钟声挟怒涛。”词清句雅，字字出彩。我以为，如果没有亲历国土沦丧那

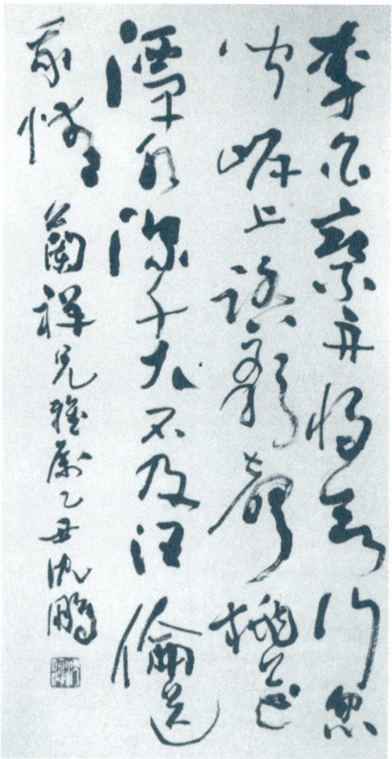

场灾难之真情实感，没有爱国之豪情大义，没有精湛之写作技能，是绝对不可能写出如此感人至深的好词的。诵读沈公一篇篇情真意深饶有韵味的诗词，不仅能让读者欣赏到精美绝伦的诗句，更能让读者感受到诗人对祖国的挚爱深情，对真、善、美热情赞颂、对假、恶、丑无情鞭挞

177 双骏壶

178 三孔流竹壶

179 六方如意壶

180 如意仿古壶

181 小福泉壶

所表现出的浩然正气，以及对人生感悟的真知灼见，读后，不能不为之惊羡与共鸣。

1985年，沈公送我一幅《李白赠汪伦》书法作品，章法结体舒展明快，跌宕起伏，气韵畅达。用笔遒劲，连断自如，急缓动静有节奏感。行、歌、声、花、情字收笔的变幻，点线交混运用，有行云流水之致。通俗的说，就是将字写活了，如歌如舞，有情有感。启功先生评其书法“所作行草，无一旧时窠臼，艺贵创新，先生得之”。其评价甚是中肯恰当。

沈公书法名高海宇，诗篇辉耀当世，出版有《三余吟草》、《三余续吟》，以及书法、美术评论文集多部著作，还主持编辑了《故宫博物院藏画》、《中国美术全集·宋金元卷》等等。

事业成功其实不外乎两条：天赋加勤奋，这在沈鹏先生身上亦然。沈鹏1931年出生于江苏江阴一位教师家庭，由于家庭文化氛围影响，幼年打下了良好的文化基础，为日后的发展成长创造了条件。参加工作后，在人民美术出版社历任编辑、总编办公室主任、副总辑、总编辑等职，勤恳为人做嫁衣。繁重的编务工作和社会活动，以及各种应酬，本来属于他个人支配的时间就很少，但他仍不忘学习和笔耕，以“废纸三千犹恨少”自勉。博学精研，千锤百炼，艺道并进，逐渐形成自己的诗格和书风。记得2002年春节过后，我去他的寓所看望，得知我准备出版《铜墨盒珍赏》一书，沈公给予热情鼓励与支持。辞行前赠予两幅近作，书于壬午元旦。带回家细细品读，百感交集：大年初一正是千家万户浸沉在欢乐节日气氛之中，举家看电视逛庙会其乐融融之时，而沈公却闹中取静凝神作字，这种对艺术的虔恭与甘于寂寞的精神令人敬佩。

何海霞——晚霞更璀璨

已故著名画家何海霞先生（1908—1999），晚年有两枚心爱的印章。一枚刻“苍苍暮年”，一枚刻“大有作为”。这既是他的书画印章，更像他的人生座右铭，伴他走完了人生之旅。

我初次见到这两枚印章是1986年。一个晴朗的秋日，我去他的寓所拜访，走进画室，只见先生在画案前把玩印章。他告

182—183 僧帽壶

184 掇球壶

185 水利壶

186 沉思壶

187 六方宝晶壶

诉我，这是一位篆刻家朋友赠送的，他一面评介印章一面将印章递给我，让我也分享这艺术品的乐趣。我接过印章欣赏品味，果然是一对绝好的印章！一枚刻白文印“苍苍暮年”，一枚刻朱文印“大有所为”。寿山石料，刻工精湛，文词恰如海霞老晚年写照。我赞美印章石佳艺巧，何老欣然赞同，即兴挥毫写下这八个大字，赐书共勉。

何海霞先生是当代画坛一位颇有影响的画家。他与石鲁、赵望云同被尊为长安画派三杰，又有画坛“鬼手”之美誉，笔精墨妙，青绿山水独树一帜。晚年绘画更臻于炉火纯青的境界，人书俱老，德艺双馨。创作业绩辉煌，佳作大作迭出，既有深厚的传统功力，又具有鲜明的时代风貌，深得行家里手的好评。北京的几

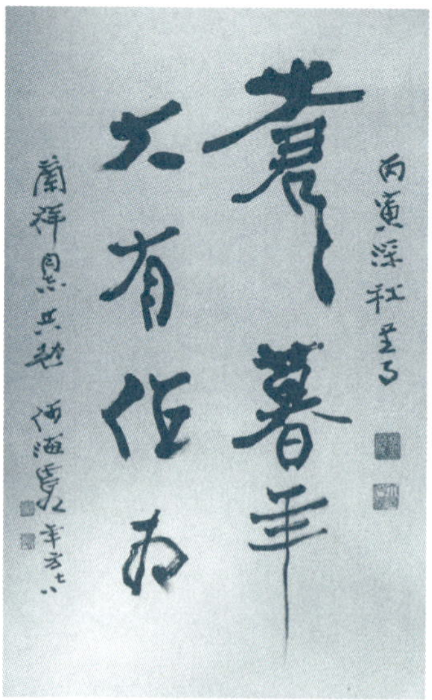

家大饭店大宾馆几乎都有他的气势恢宏的杰作，而这些辛勤创作均是无私奉献，不取分文稿酬。笔者一次在北京饭店目睹先生作一巨幅，真是大饱眼福。数张连接起来的宣纸铺于大厅地面，老先生率几位弟子手捧盛墨大碗，挥毫泼墨，犹如大将布阵成竹在胸，渐渐地一幅气势雄浑色彩缤纷的山水画显现出来，观者无不为之赞叹叫绝。

人生之旅从初生起，由童年、少年、青年、壮年，而后步入老年。其实每个年龄阶段都有它的优势，都能闪烁耀眼的光环。人到老年固然体力不及壮时、记忆力减退，但老年人历经沧桑，有着丰富的阅历而更加成熟。丰富的阅历本身就是宝贵财富。古人说，三十而立，四十而不惑，五十知天命，六十耳顺，七十而从心所欲不逾矩。尤其是在国泰民安的幸福年代，正是展示老年人桑榆晚霞无限风光的大好时机。

淡泊为德　清节自厉

李准（1928—1999），是我国当代电影剧作大师，又是颇负盛名

188 蜗牛壶

189 何氏壶

190 四方抽角菱花壶

191 菱花线元壶

192 方韵壶

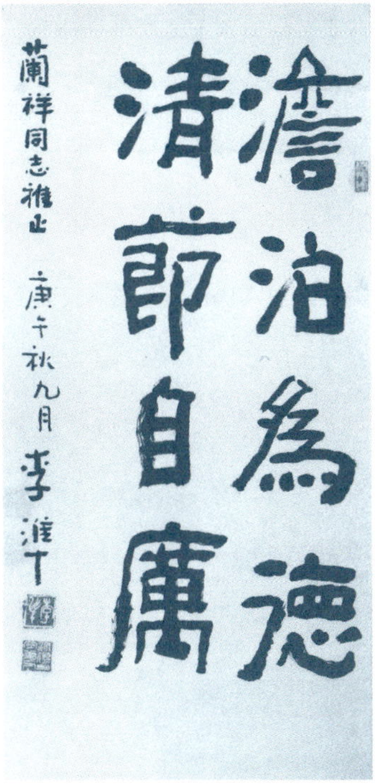

的小说家。他创作和改编的电影文学剧本《李双双》、《老兵新传》、《牧马人》、《高山下的花环》(与李存葆合作)、《吉鸿昌》等，拍成电影后以其生动感人的魅力征服了亿万观众的心，成为新中国电影史上经典之作。其文学创作方面的成就和地位是众所公认的。然而，他在书法艺术方面的造诣却鲜为人知。

李准在幼年读书时就有一定的书法基础，而真正进入书法艺术领域却是在他以顽强的毅力与病魔做斗争时开始的。1985 年 7 月，正当他的创作第二高潮到来时，因积劳成疾而患了脑血栓。康复后，为了调养身体，他坚持练写毛笔字，刻苦临池，锲而不舍，经过几年的努力逐渐显露其书艺才华。他的字虽说是文学家抒怀寄兴之作，却以朴拙的韵味焕发着异彩。笔者珍藏一件李准墨宝："淡泊为德，清节自厉”八个大字，笔情墨趣中赞美人生崇高之品德，透视出他的书法意趣和人生追求。字体质朴凝重，绝无矫揉造作媚俗之气。这与他的文学作品完全是一脉相承的。

李准同志 50 多年的创作生涯，无论是小说还是电影文学剧本，坚持的是现实主义的创作方法，颂扬中华民族的高尚道德、情操、伦理、精神是其作品的主旋律。而这件墨宝也反映了他执着地坚持社会主义的文学创作方向，不为功利所驱动，恪守淡泊、清节的高尚情操。

马宏锦君书画艺术

我与马宏锦同志相识于上世纪八十年代，先读其文，后识其人。那时，我在中影公司任职，他是陕西省电影公司美术编辑，其时，我与几位同仁一起编辑一本书，名为《社会·电影·观众》，选入了他的《电影宣传画审美随想》一文。该文从理论与

193 虚扁壶

194 一品清莲壶

195 合菱壶

196 六方石瓢壶

197 汉云壶

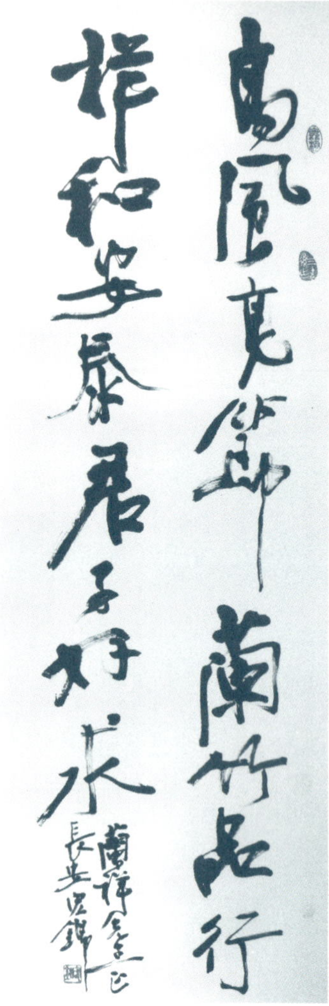

实践上探索电影宣传画的本质与特征，观点新颖，见解独到，给人以新的启示。不久见面方知是一位二十几岁的年轻人，给我留下了良好的印象：性格内向，诚恳朴实，好学上进。我为电影系统有这样年轻有为才华出众的人才感到高兴。九十年代初，他由西安寄来《宏锦书法》一书，更让我惊叹不已。书中精选了近50幅作品，幅幅作品气格不凡，真、草、隶、篆、行尽显奇妙，传达出一种清新的书风，令人耳目一新。

宏锦同志国画也有很高的造诣，人物、花鸟、山水别有一番情趣，作品中诠释出重士气、重内涵韵味和不循格、自出机杼的艺术实践。他创作的《雨荷图》，写经风雨洗礼亭亭玉立的荷花，雨濯风摇而肆芳，愈显坚贞的情操，审美品位升华到精神境界。《园中小景》，以厚重朴拙的笔调，浓郁沉酣的墨韵勾描园中小景，小景中见大气势，令人赏读余味无穷。《林间秋色》是一幅扛鼎之作，阔笔挥扫，墨气淋漓，霜叶红秋色浓，一片层林尽染的山野，给人以强烈地视觉冲击力。以上佳作大都创作于上世纪九十年代。

十多年过去了，我常常在想，这位老友当下如何，书画创作又有怎样的跨越？2006年初，他荣获“2005年度中华艺术界十大新闻人物”称号，于北京人民大会堂出席颁奖盛会。会后光临寒舍，相见格外亲切和兴奋。昔日的青年如今已步入中年，仍砚田耕耘孜孜不倦，并取得了令人瞩目的成就，对艺术的执着、对知识的渴求、对事业拼搏的激情不减当年。他在担任《电影画刊》社长兼主编的同时，仍不忘“充电”，读完了西北大学文学院古代文学硕士研究生。这不仅让我

198—199 鸭形壶

200 仿古盉形壶

201 梅桩壶

202 樱桃壶

203 菊花壶

加深了对他的了解，心中更生几分敬意。强化自我，重视思想文化艺术修养，自觉地追求书画艺术至高的美学境界，历代书画大家概莫能外。在此，不妨借用苏轼的名言“退笔如山未足珍，读书万卷始通神”共勉之。

这次见面，他带来了一幅《圣人著书图》送予我。此幅佳作笔墨洗练，人物造型古朴，“圣人”心无旁骛潜心著书，超凡脱俗的神态和文人潇洒的气度跃然于纸上。对此，我十分珍爱，并回赠一方歙砚，愿宏锦君砚田耕耘硕果累累。

张学良将军“易帜”拥蒋始末

本斋收藏的这件铜墨盒，纪录了张学良将军由东北三省保安总司令被任命为“国民革命军陆海空军副司令”，1930年10月9日于奉天（今沈阳市）礼堂举行就职典礼，也就是所谓“易帜”拥蒋这一历史事件。蒋介石为何恩赐张将军高官厚禄，让其主政东北、华北军政大权，地位仅次于蒋本人呢？我们还是回溯到上世纪二三十年代，在国内国际背景下来解读张学良“易帜”拥蒋这一全过程，深刻认识这位叱咤风云的“民族英雄，千古功臣”（周恩来语）。

张学良（1901—2001），字汉卿，辽宁海城人，奉系军阀头子张作霖之长子，幼时学习传统文化，稍长又接触西方文化。他有正义感和爱国情怀。18岁就读于东三省讲武堂，学习刻苦，名列第一，一年后毕业，在张作霖手下任职，并迅速得到提升。他的青年时代，军阀混战连绵，又饱受列强欺凌，国际政治风云十分险恶，帝国主义争夺殖民地愈演愈烈。特别是东邻日本蓄谋吞并我东北，而当发现自己培植起来的张作霖可能成为他们吞并“满蒙”的障碍时，便于1928年6月4日以阴谋手段残忍地将他炸死。张学良强忍巨大的悲痛接任了父职，于1928年7月2日被推选为东北三省保安总司令兼奉天省保安司令，时年27岁，这位大权在握的少帅在那腥风血雨的年代究竟扮演了一个怎样的角色？

面对国难家仇和日本人蓄谋步步紧逼，他深知单凭东北一隅难以抵制日本，别无选择地抛弃了乃父张作霖雄霸一方当“东北王”的封建观念，谋求息内争御

204 竹顶壶

205 树桩壶

206 掇只壶

207 佛手壶

208—209 太极八卦壶

外侮，维护国家统一，决意发出通电宣布与南京方面停止军事行动，表示和平统一的诚意。

张学良欲“易帜”，引起日方干扰和抵制，进行百般阻挠。日本先派驻奉天总领事林久治郎转达田中首相信函，言明反对东北“易帜”。接着又派曾任驻华公使的林权助男爵为特使到奉天转达田中首相“旨意”进行威逼利诱。张学良铁骨铮铮，义正言辞予以反驳。

林：“……如东三省与国民政府妥协，日本在满权益将受到损坏……则日本已有采取行动自由之重大决意……”

张：“我为中国人，应以中国人之立场为出发点，我之所以愿意与国府妥协者，实欲完成中国之统一……不过就国际关系而言，日本不至冒干涉中国内政之不韪。”

林：“日本已有决心，即甘冒中国内政之嫌，亦所不避，愿贵司令速下决心。”

张：“我的决心以东北三省民意为定，我不能拂逆东三省的民意。”

双方唇枪舌战争论激烈的时候，林权助竟然指着张学良说：“我们不准你们挂旗！”张学良大义凛然质问：“这是什么意思！”予以严词痛斥。

接着日本又以举行军事演习来示威压张易帜。张将军毫不示弱予以针锋相对的回击，于1928年“双十节”在奉天举行盛大阅兵式，最后毅然作出抉择，于1928年12月29日7时宣布东北“易帜”，在奉天礼堂举行盛典，并发出通告称：“仰望大帅遗志，力谋统一，贯彻和平，已于即日起宣布遵守三民主义，服从国民政府，改易旗帜。”易帜后，张学良被任命为国民革命军陆海空军副司令。1930年10月9日在奉天就职。应当说张学良易帜，维护了国家统一，打击了日本帝国主义分裂东北的野心，是顺应了历史前进潮流的爱国行动，值得肯定的。

然而，蒋、张合作各有其目的。蒋介石的目的是为了拉拢张学良，以壮大势力铲除异己，进而全面消灭红军。首先，在“中原大战”张助蒋立了首功。1930

年5月至10月，爆发了蒋介石同阎锡山、冯玉祥、李宗仁等新军阀之间的中原大战，双方都拉他入伙，看重他雄霸一方，拥兵19万东北大军的实力。张学良在历史的选择中站到了蒋一边，派兵入关助蒋，使蒋逆势速转，保住了政权。因而，蒋介石对其不惜封高官送厚礼，升任其为副统帅，把东北、河北、平津、青岛的行政管辖权都交给了他，并在北京设立副总司令行营。而张学良为了国家统一以抵制日本，对蒋的合作报以真心诚意，并不惜以厚礼相送，把东北的海军共300400吨的20多只舰船全部送给了蒋介石，总吨位大大超过了蒋介石原有的。蒋介石没有独立的炮兵，张送给他一个炮兵旅，连炮兵司令邹作华也陪送了过去。张学良后来对人常说："只要有人把日本帝国主义打出去，不论是那个阶层的中国人，我都愿意把我自己的力量都交给他，并且我愿意无条件地听命于他。"这肺腑之言反映他易帜拥蒋的初衷。

从易帜拥蒋到逼蒋抗日，是张学良追随蒋介石，对蒋介石国民党本质逐渐认识的过程。张学良谋求抗日救国，走过了相当长的曲折道路。由于其历史局限性，易帜后，他更加信赖蒋介石，对其唯命是从，拥护蒋的独裁统治和"攘外必先按内"、以武力统一的政策，并陆续将东北军投入到内战战场。待到日本帝国主义发动"九一八"事变，他又忠实地执行了蒋介石不抵抗的命令。当时，东北一部分著名爱国人士，包括阎宝航、卢广绩、高崇民、杜重远、王卓然、王化一等皆力促张坚决抵抗，不管南京政府态度如何，守土有责，责无旁贷。但张学良依然坚持"欲抵日本，必须中国统一"的错误主张。做为一位主政东北、华北、拥兵十九万大军，武器装备也不劣，面对19000人的关东军，竟然不战而逃，将东北三省拱手让出，无论如何仅凭蒋介石一纸不准抵抗的电报是无法原谅的，因而受到全国人民的谴责，被唾骂为"不抵抗将军"。后来他对此也深感悔恨。

随着形势的发展，在一片片国土沦丧，在全国各民族各阶层人民停止内战，一致对外的呼声和东北军弟兄打回老家去的流亡歌声中，在进攻红军屡遭残败，饱尝损兵折将的苦果后，在严酷的事实面前，他终于悟出一个道理：共产党和红军是消灭不掉的，不

216 古莲子壶

217 传炉壶

218 提梁孤棱壶

219 宽仁厚德壶

220 寿字壶

与共产党合作是打不垮日本鬼子的。逐渐觉醒后，开始与中共接触，谋求共同抗日。1936年4月，张学良与红军达成了“停止内战，一致抗日”的协议。进而，他数次力谏蒋介石放弃“攘外必先按内”的反动政策，团结各族人民共同抗日而无果。少帅那颗国难家仇、抗日救亡的赤胆忠心再也抑止不住了。为救国救民，力挽狂澜，以“舍得一身剐，敢把皇帝拉下马”的大无畏精神，毅然于1936年12月12日，于西安与杨虎城将军兵谏蒋介石，逼蒋停止内战，共同抗日。事变发生后，是杀蒋，还是有条件放蒋，是战是和，在错综复杂尖锐斗争面前，中国共产党人在这关系民族前途的关键时刻，以民族利益为重，高举团结抗日大旗，表现出博大的胸怀和英明远见，特别是周恩来同志在和平解决事变中发挥了巨大作用。终于在各方努力下，从而促成了国共第二次合作，中国也由此实现了由内战到共同抗日的历史转折。全国各族人民团结一致，同仇敌忾，经过八年浴血奋战打败了日本侵略者。张学良将军在民族危亡紧急关头所表现的浩然正气和历史功勋，将万古流芳。

今天，重温这段历史，仍然给我们留下许多宝贵的教益和启迪。历史证明，中华民族是一个历经磨难而又不屈不挠、自强不息的伟大民族。在深重的灾难面前，国家和民族利益至高无上。在爱国主义旗帜下，不同阶级、政党的隔阂与矛盾、前嫌与仇恨，统统可以转化为举国上下“地不分南北，人不分男女老幼”以民族利益为己任、团结一心、共御外侮、战胜强敌的精神。强烈的爱国主义精神是凝聚华夏儿女战胜艰难险阻和一切敌人的强大精神支柱，伟大的爱国主义精神将永远激励炎黄子孙为振兴中华奋勇前进！

（有关资料引自张魁堂先生著《张学良传》）

千年不泯沦亡恨

今年七月七日是卢沟桥“七七”事变七十周年。悠悠岁月，炮火硝烟已经离我们远去。今天，当我们在明媚的阳光下，尽情地享受和平幸福的生活时，绝不能忘记那场腥风血雨的战争，也永远不能忘记当年在卢沟桥畔顽强抗

221 松鼠葡萄壶

222 风卷葵壶

223 大彬六方壶

224 龙头圆珠提梁壶

225 思亭浪壶

击日本侵略军的将士们，是他们打响了中华民族全面抗战的第一枪，为中华民族抗战史写下了光辉的一页。

笔者收藏的这件铜墨盒，就是在卢沟桥指挥抗击日军的29军110旅旅长何基沣将军赠予部下的一件奖品。它是我前几年于北京潘家园古玩市场购得。墨盒呈方形，边长9.3厘米，高3厘米，黄铜。墨盒铭文为："中华民国二十五年夏季旅校阅奖品"、"明是非　安本分　恩成弟珍用　何基沣赠"。

"明是非，安本分"这六个庄重的大字，凝结着将士们深深地爱国情怀，纪录着那个特殊的年代驻守在宛平县的110旅官兵，面对日寇入侵，国土沦丧及蒋介石国民党政府置民族危亡于不顾，对内用兵对日屈辱妥协，而做出的郑重选择。

不妨让我们来追溯从"九一八"事变至"七七"事变这一不寻常的历史，就能深刻理解墨盒铭文之涵义了。

"九一八"事变爆发后，蒋介石国民党政府采取不抵抗政策，十几万东北军不战而退入关内，使日军以四个月零十八天全部占领了东北三省。东北大好河山从此沦为日本帝国主义的殖民地，变成了人间地狱，三千万同胞陷入水深火热之中。自东北三省及热河沦陷后，日军长驱直入，沿长城向华北逼进。驻守在长城的中国军队，包括29军109旅副旅长何基沣所部奋起抵抗，重创日军。但由于南京政府坚持"攘外必先安内"的反动政策，长城守军得不到有力支援，奋战两个月终于失败。蒋介石国民党政府却

不顾全国人民的反对，同日本签订了丧权辱国的《塘沽协定》，规定中国军队必须撤离长城各隘口，使华北门户洞开。华北危急！平津告急！在民族存亡的紧急关头，全国人民纷纷起来谴责国民党政府，坚决要求抗日。曾在喜峰口与日军拼死搏杀的110旅将士们义愤填膺，决心加紧训练，严阵以待，安军人之本分，捍卫祖国江山。事实证明，在卢沟桥抗击日军作战中，他们实践了"明是非，安本分，守土有责"这一庄严誓言，给恣意寻衅

226 缘壶

227 提梁一粒珠壶

228 高南瓜壶

229 井栏壶

的日本侵略军以迎头痛击，彰显了崇高的民族精神。

在中国共产党倡导的抗日民族统一战线旗帜下，举国上下同仇敌忾，前仆后继浴血奋战八年，打败了日本侵略者，取得了最后胜利。中国人民为了赢得这场战争的胜利也付出巨大的牺牲。同时涌现出无数可歌可泣的抗日民族英雄。他们为国家为民族做出的贡献将永垂青史，并将激励华夏儿女为振兴中华而努力奋斗。

最后，我们还要将何基沣将军作以简要介绍：

何基沣（1898—1980），河北藁城人，1923年保定军校毕业后参加西北军。中原大战后任29军109旅副旅长，1933年参加喜峰口抗战。卢沟桥“七七”事变时任29军37师110旅旅长，指挥所部顽强抗击日军。1938年秘密前往延安，并接受中共派遣回原部队工作。1939年11月加入中国共产党。1948年淮海战役时任国民党第三绥靖区副司令官，与张克侠一起率该区主力部队起义。解放后，任34军军长、南京警备区副司令员、水利部副部长、国务院水土保持委员会副主任兼秘书长、全国政协常委。1980年1月在北京逝世。

冀中大地抗战奇观

1937年“七七”事变，日本帝国主义发动了全面侵华战争，对我进行最疯狂最野蛮的掠夺。为了生存与独立，为了民族的解放，中国人民奋起与日本侵略者进行英勇顽强的斗争，冀中人民在党的领导下，开展游击战争，率先建立起第一个平原抗日根据地，坚持八年抗战，为全中国的解放事业做出了巨大的贡献。曾得到党中央毛泽东主席的亲笔题词嘉勉：“坚持平原游击战争的模范，坚持人民武装斗争的模范。”

“七七”事变爆发后，日军大规模入侵，国民党军队节节败退，仅几个月，平、津、保定以及冀中平原相继沦陷。驻扎在石家庄的国民党53军691团（原东北军）团长吕正操（中共党员）根据中共北方局的指示：“国民党军队肯定会很快溃退，你们就留在敌后找地方党，开展抗日游击战争。”10月上旬，吕正操率部队由石家庄出发，北上至晋县小樵镇休整。连夜召开党的会议，讨论部队整编和北上的行动

铜墨盒

234—235 吴俊卿刻鹤庐铜墨盒

234—235 以介眉寿刻铜墨盒

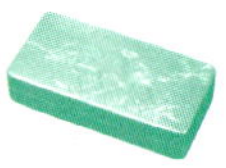
236—237 梅竹八哥刻铜墨盒

计划。接着又召开有士兵代表参加的官兵代表会议。官兵群情激昂，北上抗日气势不可阻挡。经过热烈讨论做出决定，改编为“人民自卫军”，挥师北上抗日，即刻与蒋介石国民党军队断绝电台联系，毁掉了电台密码。1937年10月14日，是这支部队走向新生、走向民族解放伟大事业的光辉日子。官兵们欢呼雀跃，纷纷找来红布、红绒做成红五星缝在挎包或碗套上，以区别于国民党军队。小樵镇欢腾起来了，老乡们真诚拥护，争相庆贺，伸出大拇指夸赞：“干得对。”同年12月，除留守一部分部队外，主力部队2300余人赴路西整训。晋察冀军区聂荣臻司令员在会见吕正操、孙志远时指出：“开展敌后游击战争，光靠山是不行的，首先要靠人民群众，只要有了人民群众的支持，不论是山地，还是平原，我们都可以牢牢站住脚，人民群众比山靠得住，广泛群众基础比地形靠得住。”至1938年，冀中抗日根据地已发展为44个县，人口约800万，广阔的平原大地处处掀起抗日高潮。冀中区党委与冀中行政主任公署同时成立。部队改编为八路军第三纵队、冀中军区，辖五个军分区，号称十万大军，屡屡打击敌人，战绩累累。

冀中地区位处平、津、保三角地带，是一个战略要地。在八年抗战中，经历了反“扫荡”等多种残酷斗争的考验，军民以英勇果敢的精神和无比的智慧创造了地雷战、地道战，有效地打击敌人、保存自己，在平原游击战争史上创造了辉煌的一页。冉庄地道战遗迹，真实地纪录了冀中人民抗击日寇的战斗史迹。如今，它已被作为爱国主义教育基地，经常有人到那里参观。也有不少慕名远道而来的外国人，使众多观众目睹那场悲壮战争的缩影。

冀中人民不仅创造了许多战争奇观，同时还创作了辉煌的抗战文学。“冀中一日”活动生动地纪录了这一壮举。1941年春，由冀中党政军首长程子华，黄敬、吕正操等号召发起“冀中一日”写作活动，受到广大人民群众及各级干部的拥护和支持。亲自动笔写稿者近十万人，包括干部、士兵和农民。从上夜校识字班的妇女到用四六句文言文的老秀才、老士绅，还有老太太口述着找人替写。稿件多至需用大车拉着打游击。初选200多篇，于1941年秋季油印出版，约30余万字。“冀中一日”活动就诞生在这抗

236—237 薙草石图刻铜墨盒

238—239 荷花翠鸟刻铜墨盒

240—241 琴妹清玩刻铜墨盒

240—241 叠翠山水图刻铜墨盒

242—243 菊韵图刻铜墨盒

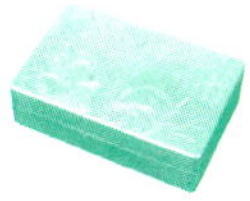

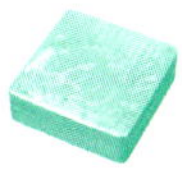

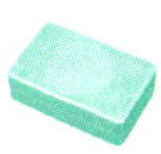

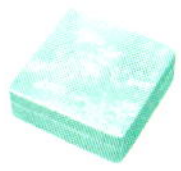

日烽火年代，生动地纪录了冀中人民抗战初期的战斗生活。它是冀中人民抗日斗争的颂歌，也可以说是一次伟大的人民文学创作活动，永载抗日战争壮丽史册。冀中第五行政区政府特为评比一等奖获得者颁发此铜墨盒（见图）以资奖励。它已成为珍贵历史文物，永远昭示于后人。第五行政区于1938年秋季成立，位于大清河北及两岸地区，包括霸县、安固、永清、安次、廊坊一带，是对敌斗争的前哨阵地。（注：文史资料根据《吕正操将军自述》、《孙犁文集》）

静坐读书

本斋藏有一件书卷形铜墨盒，铭文是："凡百技艺未有不静坐读书而能入室者"和一个醒目的"静"字。它是袁克文（1890—1931）的家庭教师方尔谦（1871—1936）在分别之际赠予袁克文的一件纪念品，勉励其静坐读书以成大业，传递着师生情谊和做学问之真谛。时在民国初。

这位"皇二子"不辜负恩师的教诲，发愤读书刻苦钻研，卓然成为学界名流、著名收藏家、鉴赏家，诗书俱能，著述颇丰。袁氏生平喜交游好集藏，收藏有书画、古籍、古币、古印、邮票等文物古董，藏品也有不登大雅之堂的纸牌、香水瓶，皆在津津乐道赏玩之列，且多有研究和著述。他自题"一鉴楼"联语写道："屈子骚、龙门史、孟德歌、子建赋、杜陵诗、稼轩词、耐庵传、实父曲，千古精灵，都供欣赏；敬行镜、攻胥锁、东宫车、永始斝、宛仁钱、秦嘉印、晋卿匣，一囊珍秘，且与身俱。"其收藏之广可见一斑。但他最喜好的收藏要算古币了，这与恩师方尔谦不无关系。方尔谦喜集藏，尤好藏古币，是南北驰名的古币收藏家，受其影响，袁克文耳濡目染亦好收藏古币，不仅藏品数量多，还有多部专著。如《钱简》、《古逸币志》、《古泉杂诗》、《货腋》等，可谓自成一系，成果斐然。

242—243 薄地阳文刻山水铜墨盒
244—245 沈心海画人物刻铜墨盒
244—245 李白吟秋浦图刻铜墨盒
246—247 福来图刻铜墨盒
246—247 赏梅图刻铜墨盒

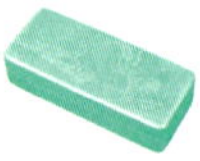

静坐读书，贵在一个“静”字，重要的不是读书方法，更是一种人格修炼过程。“静”字在我国传统文化里有其深刻的内涵。宁静致远，淡泊宁静已经进入了思想道德境界和美学境界。我国古代山水画有以幽静简淡为宗的画派，最具代表的是元代四大画家之一的倪瓒。他的山水画多为有房无人，有树无鸟，枝头无叶，平湖无波，追求一种静逸超脱的境界。作者描绘的是山水，抒发的是心中之情怀。我想，在繁华喧嚣崇尚快捷的现代生活中，在物质利益的诱惑下，是不是更应多一点宁静、少一点浮躁呢？静下心来，排除干扰，多读一点书武装自己的头脑，是事业成功之路，也是老有所为必由之路。同时，又是修身养性的好方法，从读书学习中获得知识和智慧，开阔视野，与时俱进。在读书学习中“乐以忘忧”享受无穷乐趣。

向沈鹏同志求序

我与老伴离退休之后，常常以逛古玩市场为休闲之“雅兴”，就这样，夫唱妇随地搞起了收藏。在众多的艺术品类中，尤为笃爱铜墨盒这一文玩珍物。它不仅具有文房书写工具的功能，其精美的书画镌刻还具有审美价值与收藏价值。观赏图画，诵读铭文，其乐无穷。十多年来，不懈地追求，不断地学习。如今，藏品日渐丰富，鉴赏水平亦有了一定的提高。经过审慎地遴选编辑成《铜墨盒珍赏》一书，承蒙文物

出版社予以出版。这份“作业”能打几分，当由读者去评判了。本书之成感谢朋友们给予的支持与帮助。尤其要感谢我的老友沈鹏同志热情地鼓励我出这本书，并在百忙中作序题写书名。

书之序被喻为“点睛”之笔，精彩点睛对于提升书之品位，深化书之内涵，正确引导读者至关重要。历代名序如王羲之《兰亭序》、王勃《滕王阁序》、李白《春夜宴桃李园序》，皆为脍炙人口垂范百代名篇。笔者之所以看重本书之序，恭请沈公作序，其缘由即在于此。

此序以流丽的散文形式，置铜墨盒于中华民族丰富的文化遗产之中，深入浅出的纵论收藏与鉴赏。他以广阔的视野和艺术家的责任感审视那些虽非关“宏旨”，却又是生活里深层值得深入思考的问题。字里行间饱含真情真知灼见，读起来感人肺腑，启迪心灵。例如，关于某些事物之“进步”与“失落”辩证关系的论述，精辟且富哲理。又如，对于造假名人字画这一司空见惯的现象，他是以一位艺术家的良知和切肤感受屡屡发表文章予以痛斥。他在本序中指出：“至于顶冒某某名人之作，我一向不以为然，只要作品好，何必冒名？名人作品又怎会随处皆是？对此，我看作是我们传统文化中的一个劣点，由此窥见我们民族心理中病弱的一面。”至于某些报纸发表的一些荒诞，甚至是玷污艺术的“恶搞”之作，他更是痛而批之。此序结尾，有这样一番感慨之言：“高兰祥同志嘱序，昨天进入构想。今日早上提笔，却有一个阴影在我脑海中不肯离去。原来昨晚寝前读报，见整整一版刊登大小不一，变了形的名画《蒙娜丽莎》，每幅《蒙娜丽莎》像上，一律添加蓝色圆形眼镜，胡子上翘。这件事，使我久久不能入眠，直到现在握管，还在搅乱我的思绪。在西方，亵渎《蒙娜丽莎》和其它名画的把戏早已有之。可是，我们时下的文化，难道竟已滑到了如此？我们还嫌不够？这件事与本文不属同一题目，却不得不记。”由此我们看到了一位艺术家对艺术的满腔炽热深情和社会责任感，并以自己的行动净化艺术市场，捍卫艺术的纯洁。

沈鹏同志长期搞编辑出版工作，甘为人作嫁衣，热心当伯乐，扶植新人提携后生在文化圈内是传为佳话的。他在四十多年的编辑生涯中，经手编的书（刊）五百

256—257 《自书告身》刻铜墨盒

256—257 孙中山逝世纪念铜墨盒

258—259 还我河山刻铜墨盒

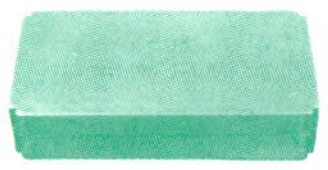
258—259 五原誓师刻铜墨盒

260—261 冀中一日活动刻铜墨盒

种以上，撰写评论、书稿二百余篇。出版书法集、诗词、美术评论集二十余种。他还慷慨捐赠积极支持慈善事业。同时，为不忘母校的培养，在母校设立了奖学金，又把自己的作品及珍藏的部分艺术品赠送母校，成立了艺术陈列馆，为母校撒下了艺术种子。

沈公已是名高望重的大艺术家，但他为人处事还是那样淡泊、平易、谦和，还是那样勤奋地耕耘在书法、诗词、美术评论及编辑出版诸领域。他这种治艺做人的美学境界和思想道德境界，我拜读了他的访日追感《沟通心灵》一文，颇生敬意。

1992 年沈鹏书法展在日本小木町举行，结束的那天，一位远道而来的青年农民观后对他说：“我没有专门学过书法，我用自己的心境去揣摩您的作品，我觉得您的作品有超越的心境，现代生活需要超脱。”沈公颇有他乡遇知音，遂感言道：“他对生活的思考多么发人深思！ 19 世纪雕塑家罗丹，不也曾说过痛感这个‘讲究实利的社会’的弊病，要用艺术净化社会，净化人的灵魂吗？”此语感人至深至切。最后，谨借李白赠孟浩然诗句“吾爱沈夫子，风流天下闻”以赠沈公。

关于铜墨盒几个问题的探讨

铜墨盒是一个新的收藏品类，引起人们广泛关注与收藏不过几十年。加之，有关铜墨盒的历史文献资料又很少，因此对其认识还很浮浅，尚有许多未知领域和未被考证清楚而得出正确认识的问题。例如：一、铜墨盒起源于何时？二、清同治陈寅生秀才首创刻铜墨盒，在北京琉璃厂开设墨盒店，店名叫万礼斋，还是叫万丰斋，或是先叫万礼斋，后改为万丰斋。三、铜墨盒的断代，等等。

一、铜墨盒起源于何时，收藏界一直多有争议，有的藏家归纳为“清代说”、“明代说”和“未知说”三派。本人自冠以“模糊派”，此乃借用一位哲人的观点。也就是说，对某事物的认识，未得确切实证，不必过早地下结论，而应保留一定的“模糊度”，以期继续考证探索，达到对客观事物的完全认知。

著名史学家邓之诚先生曾对铜墨盒进行过考证，但由于史料缺

262—263 明是非安本分刻铜墨盒
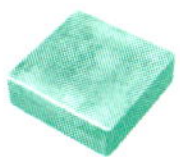

264—265 宋哲元书诚真正平刻铜墨盒

264—265 张学良就职纪念铜墨盒

266—267 勿忘国耻刻铜墨盒

266—267 胜利纪念刻铜墨盒

乏，又未得确切实证。这位学富五车的大儒未能超越历史的局限，最后只是依照前人传说推断：“墨盒之制，不详始于何时。相传一人士入试，闺人以携砚不便，为渍墨于脂，盛于粉奁，其说特新艳，然无确据。大约始于清嘉道之际。阮文达道光丙午，重赴鹿鸣，以旗匾银制墨盒，其制正圆，天盖地式，旁有两柱系环内。光绪初叶，尚藏其家。京师厂肆专业墨盒者，推万礼斋为最先，刻字始于陈寅生秀才。寅生名麟炳，通医，工书画，自写自刻，故能入妙。始同治初元也”（《古董琐记》）。邓先生对铜墨盒的起源“含糊其辞”，保留了一定的“模糊度”，给后来人留下了继续考证与探索的空间，不失为一位治学严谨大学者的风范。笔者曾是邓说的附和者，同时预感到铜墨盒的起源有可能向前推移，最后结论尚待继续考证深入探讨。理由如下：

邓之诚《古董琐记》，1926年初版，1955年再版。我们看一看初版至今所发现的几件事例，对铜墨盒起源考证研究至关重要。

1.《南京明代吴祯墓发掘简报》记录：“铜墨盒1件，出于左壁龛，铜墨盒外加木盒。出土时盒内残存吸过墨汁的干丝棉。”笔者未见图片，更未见实物，不能妄作评断。但我注意到发掘简报的文字说明“出土时盒内残存吸过墨汁的丝棉”，文字说明很清楚，不需多作解释。

2. 无独有偶，《收藏家》杂志2008年第11期王秀玲女士撰文《明定陵出土宫廷御用金器》（下）：“墨盒2件，形制大小相同。方形，子母口，平底（图38）。高2.8，每边宽5.6厘米，类似现今方形墨盒。2件均自万历帝棺内，而万历皇帝是书法爱好者，史籍记载他从小‘即工八分’。这2件金方形墨盒或许就是为他陪葬的墨盒。”笔者仔细看了图版，不怀疑它的真实性。

3.《收藏界》杂志2004年第4期胡果存先生撰文《明代铜墨盒—书带铜器》（附照片）。从照片看，无做伪痕迹。盒面及周面错银铭文百余字，词翰并妙，工艺精巧。盒正面铭文：“维王二十有六年作书带铜器碾工陆子冈造其万年眉寿无疆子子孙孙永宝”字样。此“书带铜器”引起了人们关注，也有人对此提出质疑，认为它是民国艺人陆子冈制造的，而非明代陆子冈所造。笔者对质疑者提出质疑，有据可查史料，清代、民国至今皆称铜墨

268—269 铁肩担道义辣手著文章刻铜墨盒

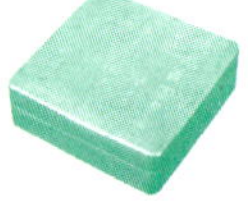
270—271 十八字箴言刻铜墨盒

270—271 庞居士语刻铜墨盒

272—273 百字赠言刻铜墨盒

272—273 苏东坡《前赤壁赋》刻铜墨盒

盒，而不称书带铜器。此盒若是清代、民国艺人制造，杜撰出一个书带铜器的名称是不可思议的。民国艺人所造之说其理由难以成立。那么，它是否明代陆子冈所造呢？本人未见实物，不能轻易作出定论，还是恭请诸藏友继续考证与确认。至于说明代陆子冈是否善金属工艺，能否制造书带铜器。据古玉专家张广文先生著《古玉鉴识》中指出，明代琢玉技术已相当成熟，诸如镂雕、仓金、镶嵌、戗金等技艺已被熟练掌握。被誉为“吴中绝技”的陆子冈，其技艺所达到的水准就可想而知了。

4. 2007 年夏季某日，有媒体报道一则消息说，在内蒙古某地考古发现一契丹墓中有一铜墨盒，盒内还有丝绵。辽代与五代、北宋并立，历时二百余年，距今千余年历史。我们期待未来在辽代遗址有新的发现。

5. 在本书已定稿之时，又获得一信息。2012 年元月 15 日晚，央视科教频道播出一则新闻称，于内蒙赤峰阿鲁科尔沁旗出土的辽代开国皇帝耶律阿保机堂兄弟耶律羽之墓中发现大量金器，其中有一件墨盒，盒内还有墨迹，应是墓主生前之用物。从屏幕观看，墨盒器形较大，金色光亮，制作精美。

从获得的上述信息，得出如下初步认识：一、铜墨盒创始年代，比邓之诚先生推论早得多，值得进一步考证；二、从实物来看，辽地铜墨盒与中原地区早期铜墨盒有许多相似之处，孰先孰后，有何有机关联，尚待进一步考证。笔者认为，对某些事物的认识，往往由于客观与主观原因使之不能一步到位，只能是不断发现真理，接近真理。我们不必苛求于前人与今人，应以科学的思维方式，小心谨慎地去求证，得出科学的结论。

二、关于清代陈寅生秀才开设的铜墨盒店叫甚么名字

铜墨盒，古玩界人士大都将其归类文房杂项或称文玩。其实铜墨盒起初不过是一种普通文房用具。它由普通文房用具跃升于高雅艺术殿堂，而成为既具实用功能，又有审美价值的艺术品，这个开创人物就是清代秀才出身的陈寅生。他于同治初年在北京琉璃厂开设墨盒店，自写自刻，用刀如笔，于铜墨盒上刻诗词书画，为铜墨盒增添光彩，因而声名鹊起，购者纷纷。陈寅生刻铜艺术在京城风行几十年，留下许多珍品。

274—275《陋室铭》鎏金刻铜墨盒

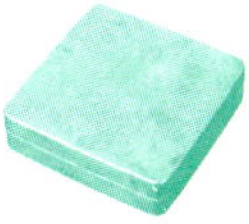

274—275 批文刻铜墨盒 一双

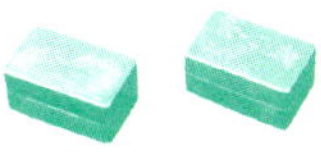

276—277 摹刻瓦当文铜墨盒

276—277 摹刻瓦当文铜墨盒

278—279 北平正阳门铜墨盒

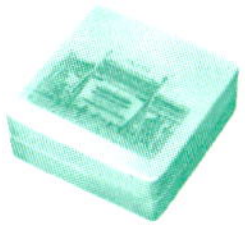

然而，对这位刻铜墨盒创始人开设的墨盒店叫甚么名字竟然含混不清，理应予以澄清事实。

以下是几位学者的观点：

邓之诚先生之说，前面已述。

赵汝珍先生 1942 年出版的《古玩指南》：“北京厂肆专业墨盒者，推万礼斋为最先，今则改易字号矣。”

一得阁墨汁店创始人谢崧岱先生于光绪 19 年出版的《论墨绝句》说：“闻琉璃厂专业墨盒者始万丰号，刻字于盖者始陈寅生茂才……店与人犹在，实盛行于同治初年。”

陈重远先生 1990 年出版的《古玩史话与鉴赏》说：“光绪（注：应为同治）初年，陈寅生在琉璃厂开设万礼斋，后改字号万丰斋，经营铜墨盒。”

以上几位学者的说法不完全一样。邓、赵、陈三者观点较接近。这三位学者与谢的说法似乎有些差异，其原因在哪里，谁说的更准确。

陈重远先生明确说，陈寅生开设的店叫万礼斋，后改为万丰斋。老先生已年逾八旬。他告诉我，撰写《古玩史话与鉴赏》没有任何现存资料，也未查阅过任何资料，是全凭宝古斋的邱震生，还有范歧周、马宝山三位琉璃厂古玩商老先生口述得来的资料。这三位老先生距陈寅生时代靠近，他们又是琉璃厂的“活字典”，材料来源比较可靠。很可惜，这三位老先生前几年已作古。陈先生做了一件了不起的令人感佩的抢救性工作。

那么，谢崧岱先生与邓、赵、陈三位先生的说法为何不一样呢？其实并不矛盾，只要厘清时间关系就迎刃而解了。陈寅生的“万礼斋”开业于同治初年，而谢崧岱的“一得阁”开业是同治四年，这里有三年多的时间差。一得阁开业时谢崧岱看到的墨盒店已改易字号了，万礼斋改为万丰斋。那种说邓之诚将万丰斋误写成万礼斋的说法显然是凭主观猜想，违背客观事实的。况且万礼斋、万丰斋皆有传世品。还有，《古董琐记》初版后又曾再版，这位治学严谨的大学问家不会两次犯同样初级错误的。

三、铜墨盒的断代

传世的大量铜墨盒，分别为清代、民国及新中国成立初期三个时期。然而，多数铜墨盒没有刻制年代，即使有刻制年代，真伪也应加以辨识。如何判断是清代还是民国时期铜墨盒呢？有的藏

278—279 老北京前门铜墨盒

280—281 摹刻古铜器铜墨盒

280—281 铜胎掐丝珐琅宜侯王墨盒

282—283 黄铜白铜红铜三镶竹节形刻铜墨盒

284—285 铜胎掐丝珐琅努尔哈赤像墨盒

家说，清代铜墨盒较民国时期高出三分之一；也有的藏家说，民国的盒子一般高度在3.5厘米以下。这两种说法从现象看不无道理，但不完全符合实际。笔者仔细观察了大量实物发现，墨盒的子口有两种，直口和弯口（子口上端向内弯曲，可以防止墨汁溢撒）。墨盒子口早期为直口，在宣统二三年间直口改为弯口的。也就是说清宣统元年以前应是直口，民国以后为弯口，此应是断代的标识性依据。但要注意，这里指的是京都和上海而言，其他地区未考证。

和平鸽奏鸣曲

我们收藏“和平鸽”纪念章，缘于一个偶然的机会。十多年前冬日的一个周四，我同老伴逛报国寺古玩市场。一位摊主的“和平鸽”纪念章引起了我的注目，仔细辨识，确信真品无疑，同自己珍藏的完全一样，保存完好如初，金光闪闪，光彩夺目。当时并未想解囊，而是继续逛摊“淘宝”。不知不觉到中午该回家了，但在脑海里不断浮现那几枚纪念章，似乎无法割舍这份情缘，于是下决心收入囊中。由此便一发不可收，经过数年的努力，在朋友帮助下，已收集到百余枚。

“和平鸽”纪念章是抗美援朝停战后，第四次祖国人民赴朝慰问团赠给“最可爱的人”的珍贵礼物。其制作十分精致，图样设计取材于世界绘画大师毕加索1952年为世界和平大会所作的宣传画。纪念章呈五角星形，外沿为云纹，中间是一只和平鸽及“和平万岁”四个字，皆为鎏金。图中小鸽子刻画入微，传神的眼眸，灵动的翅膀，神采飞扬，十分可爱。画面中心以红色珐琅作衬托，更加反射出小鸽子的光彩，突出胜利喜悦的情调。纪念章背面铭文是：“抗美援朝纪念·中国人民赴朝慰问团·1953，10，25。”我十分珍视这枚纪念章，它是胜利的纪念，是中国人民扬眉吐气的象征，也是我青春岁月永不磨灭的记忆。

284—285 嵌银铜墨盒
286—287 嵌银山水图铜墨盒
288—289 蒙古族黄铜錾花墨盒
288—289 藏族铜墨盒

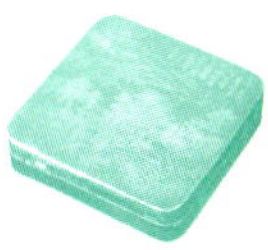
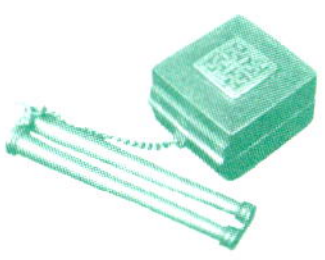

时光流逝，抗美援朝战争已经过去了半个多世纪，然而，回忆往事仿佛就在眼前。

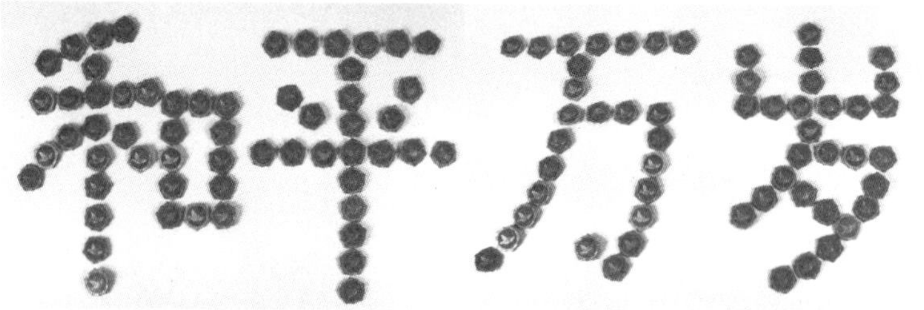

抗美援朝战争打响后，我师奉命由粤北急速北上，接装苏联“喀秋莎”火箭炮，由步兵改装摩托化炮兵第21师，驻于辽宁阜新。我当时在师政治部工作。部队在苏联专家指导下，开展群众性大练兵，克服文化低技术差的困难，苦练加巧练，以28天突击练兵的奇迹完成训练任务。但是有些困难部队本身无法解决，只有依靠地方支援。例如汽车、炮车需要驾驶员才能开得动。又如，入朝语言不通，需要几十名翻译等。在抗美援朝、保家卫国全国总动员的号召下，一切为了前线，一切为了打赢这场战争，国人长期积淀的爱国情绪迅速迸发出来。北京等地青年汽车驾驶员踊跃报名应征入伍，朝鲜延边自治州的中学，老师带领学生集体参军。就这样在全国人民大力支援下，各种困难一一得到解决。部队完成训练改装后，于1951年4月27日，师指挥部率领所属炮团开赴朝鲜前线。这支具有光荣传统的董存瑞生前部队，转战在朝鲜各个战场，参加了著名的上甘岭战役、金城反击战、添木洞、马良山等战役，以迅猛的炮火杀伤敌人，有力地支援步兵，取得了战斗的胜利。然而，在朝鲜战场上，中国军队面对的是拥有世界上最先进武器装备的美国军队。战争初期，敌人掌握着制空权，武器装备敌优我劣，战争是异常残酷的。我志愿军以不怕牺牲、不怕艰苦的精神和机动灵活的战略战术，屡屡给敌人以沉重打击，两年零九个月共歼敌109.38余万人。迫使敌人于1953年7月27日在停战协议上签字。时任“联合国军”总司令的克拉克将军后来在他的回忆录中沮丧地写道：“我获得了一个不值得羡慕的名声：我是美国历史上第一个在没有取得胜利停战协议上签字的司令。”

中国人民为了抗美援朝也付出了巨大的民族牺牲，先后有200多万中华优秀儿女赴朝作战，有

36万人伤亡和失踪。黄继光、邱少云、杨根思，还有毛泽东主席的长子毛岸英，以及无数无名英雄的忠骨永远地埋葬在朝鲜国土上。我师政治部及所属宣传队也有两名战友牺牲在朝鲜战场上。1952年中秋节，这一天永远铭刻在我的记忆中。当时，师指挥部驻在朝鲜中部谷山山脚下立岩洞。这一天清晨天刚蒙蒙亮，我便起床，走出自建的防空洞去洗漱。山脚下有一条蜿蜒的小溪，溪水澄明甘甜，潺潺流向下游。洗漱完毕，东方已映出朝霞。突然4架敌机飞临上空，急转直冲而下，一阵狂轰滥炸，我身边的小通讯员即刻倒在血泊中，瞬间被凶恶的美国侵略者夺去了他年轻的生命。此次敌机轰炸，还有师司令部军务科张参谋牺牲、米参谋负伤。岁月流转，1989年，我们电影代表团访问朝鲜，我又是以一名志愿军老战士的身份故地重访。朝方接待很热情，首先，在下榻的宾馆接受了朝中社记者的采访。接着是以十分沉重的心情拜谒了矗立于平壤的中国人民志愿军烈士纪念塔，进入塔基的纪念馆内，在"团以上干部烈士名册"众多的名字中，看到了我师202团政治处主任董凤梧同志的名字。他是一位优秀政工干部，很善言，人们戏称"董铁嘴"，牺牲时只有30岁左右。我默默地追思悼念：敬爱的战友，笑慰于九泉吧！我们胜利了，你的名字将永载于抗美援朝壮丽史册！朝中社摄影记者按下照相机快门留影纪念。

赴朝第四天，我们由平壤前往金刚山参观，朝鲜电影博物馆金馆长和翻译小李陪同。金馆长是当年的人民军战士，一路观光，一路交谈格外亲切与兴奋。车子在急速行驶中，走了一段路，金馆长指着前方说，那是山谷。我告诉他，这是我当年曾经生活战斗过的地方。车子缓缓停下来，下了车，仰望那巍巍的高山，郁郁葱葱的山林，还有长眠在此的战友，脑海里浮现出一幕幕往事，让我永远感念不忘。

由金刚山返回平壤，接着乘火车前往板门店参观，这是应我方要求特意安排的，想实地看看当年在战场上经过两年多的较量，在谈判桌上博弈的地方。参观仍由金馆长和翻译小李陪同。在火车上，金馆长还准备了高丽参白酒和鱼干片，一起共饮。到了板门店，走进谈判会议室，于谈判桌前驻足沉思，回想起当时停战消息从志愿军司令部传下来的那一刻，至今仍记忆犹新。随后，在朝鲜人民军军官陪同下，我们还参观了戒备森严的人民军“三八线”坑道工事，用高倍望远镜远眺，强烈地感觉到剑拔弩张的气氛，令我感慨万端。

最让我难以忘怀的还有，为了战争的胜利，祖国人民竭尽了全力，给予我志愿军以无限的关怀爱戴和大力支援。慰问团先后多次带着祖国亲人的深情厚谊和各种慰问品赴朝慰问，有的演员甚至牺牲在朝鲜战场上。他们的到来和表演极大地鼓舞了全体指战员。时至今日，当时欢迎祖国慰问团的情景仍历历在目。在战火纷飞的朝鲜战场上迎接祖国亲人，志愿军人自然有其特殊形式：用松枝野花搭成迎宾彩门，就山坡修建舞台。浓密的森林，漫山遍野开着美丽的金达莱花，部队集合在山坡上观看演出，歌声欢呼声此起彼伏。女歌唱家仲伟演唱的《翻身道情》和青年演员演唱的《刘海砍樵》悦耳歌声，仿佛跨越时空依然在耳畔回响。

抗美援朝两年多的战斗生活是值得回味的，有苦有乐，有战友之间致真至情的战斗友谊，还有生死的考验。在艰苦斗争环境的磨砺中，我的思想觉悟有了很大提高，立了三等功，光荣地加入了中国共产党。从此，在党的光辉旗帜下一步步走到今天。抚今追昔，更加珍重在我成长过程中这一重要历程，更为珍惜今天来之不易的和平幸福生活。

跋

出版，是一项严肃神圣的事，它不仅要对自己负责，更应该对读者负责；书不仅是信息的载体，更重要的是文化的担当；它不仅需要作者勤奋的工作，更需要出版人共同努力，为此我要感谢大家。

一是为了感谢诸位朋友给予的关爱和真诚的帮助；

二是我们在欣赏把玩这些藏品，获得精神愉悦的同时，不能忘记，也不能不感谢这些艺术家的默默耕耘和奉献，并愿这些艺术品、工艺品得以弘扬和传承，在中华艺苑永放光彩。

于本书即将付梓之时，特别感谢沈鹏老友的热情鼓励与支持，在百忙中题写书名、题字及手札。同时，感谢何毓玲先生、李健秋女士、杜家玲女士、吴林林先生、于红河先生及李宗旭先生。

浙江古籍出版社慧眼推出此书，在此，谨致以诚挚的谢意。

最后，感谢我们的子女的理解与支持，使我们得以享受耕耘在出书过程中的乐趣，以及对收获成果的期待。

由于收藏能力、鉴赏水平以及文采的局限，本书不足之处乃至谬误在所难免，敬请方家予以教正。

高兰祥　孟桂兰

2012 年初秋于双兰斋

图书在版编目（CIP）数据

和书：品质书库／高兰祥，孟桂兰著；文爱艺编．— 杭州：
浙江古籍出版社，2012.11

ISBN 978-7-80715-978-0

Ⅰ．①和… Ⅱ．①高… ②孟…③文… Ⅲ．①历史文物—
收藏—中国 Ⅳ．① G894

中国版本图书馆 CIP 数据核字 (2012) 第 263899 号

著者 高兰祥 孟桂兰
编者 文爱艺
特约编辑 何毓玲
书籍设计 刘晓翔 高文
摄影 刘晓翔 高文
出版发行 浙江古籍出版社
社址 杭州市体育场路347号
邮码 310006
电话 0571—85176986
印刷 北京信彩瑞禾印刷厂
成品尺寸 189×285mm
字数 260千
印张 19
版次 2012年11月第1版
印次 2012年11月第1次印刷
ISBN 978-7-80715-978-0
定价 169.00元

如发现印装质量问题，影响阅读，请与本社市场营销部联系调换。

本书全球限量发行1111册，
按印制顺序编号，排序从1至1111止。

您手中的此书，编号为： 0656

ISBN 978-7-80715-978-0
9 787807 159780 >

瓷器

“景德镇窑始烧于五代，至宋代制瓷技术成熟，规模及质量都有很大发展与提高，元明两代不断出现创新品种，并成为全国制瓷中心。”（引自冯先铭著《中国陶瓷》）绵延千年不熄的窑火，烧造出数以万计精美绝伦的瓷器而饮誉海内外。

新中国成立之后，景德镇陶瓷生产进入了一个新的历史时期。陶瓷艺人的社会地位得以提高，以饱满的热情投入到陶瓷艺术创作之中。他们承传统、师造化、重创新、融汇古今。作品题材广泛、形式新颖、内涵丰富、时代特征鲜明，无论是大器还是小件皆精心构思创作，一丝不苟，精益求精，达到了很高的艺术水准。收藏者可以领略到千年古瓷遗韵，又可欣赏到当代陶瓷艺术之风采，因而颇具观赏性和收藏价值。

粉彩八仙瓶

高31厘米

八仙的故事在我国流传甚广。传说中的八仙即铁拐李、汉钟离、张果老、何仙姑、蓝采和、吕洞宾、韩湘子和曹国舅。此幅八仙图，人物刻画细腻而富个性，用笔舒展自如，人物形象栩栩如生，非丹青高手难以为之。题款写："时而乘骑时泛舟，五湖四海逍遥游。"此作品作于20世纪80年代。

王隆夫，1931年12月生，1978年被授予"陶瓷美术家"称号，现为中国工艺美术大师。擅长古代人物画，兼及花鸟、山水、鱼虫等。

粉彩黛玉葬花瓶

高35厘米

胎釉莹润，工艺精，造型美。著名瓷绘艺术家赵惠民先生彩绘黛玉葬花图，用笔灵秀娴熟，细腻而生动地刻画出一位多愁善感的古代美女形象，堪称精典之作，作于1984年。

赵惠民，1922年生，1959年被授予“陶瓷美术家”称号，以绘古装仕女著称，尤擅画红楼十二钗

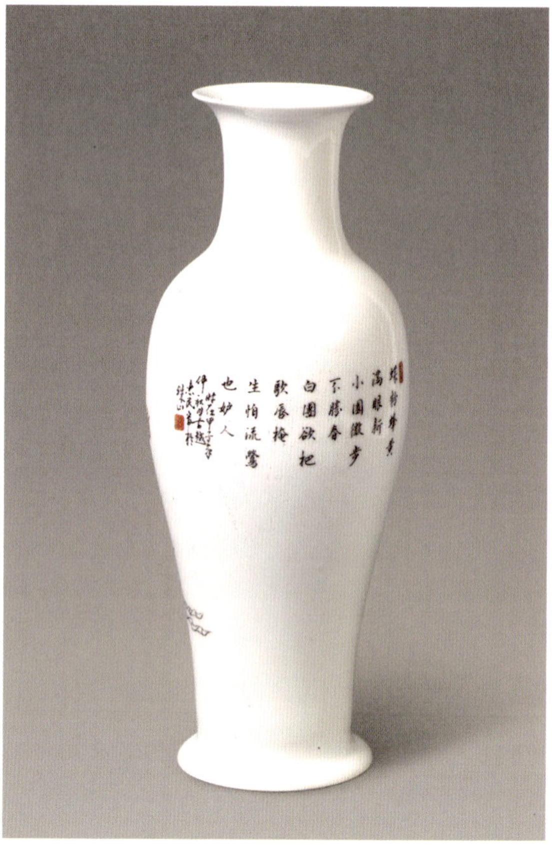

粉彩宝钗扑蝶瓶

高 35 厘米

宝钗着华丽衣裙，头束高发髻，手执纨扇随双蝶翩翩起舞。轻盈灵动的身姿，传达出优美动人的旋律，将绘画主题表现得淋漓尽致。此为赵惠民先生 1984 年之作

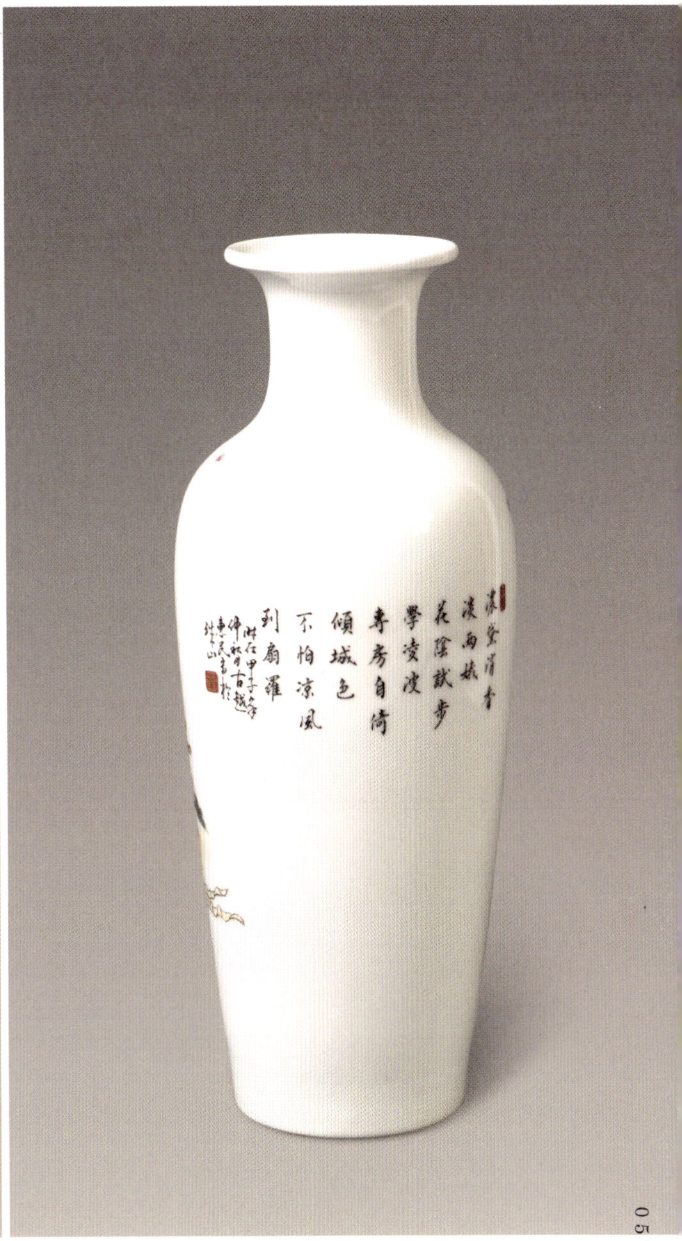

薄胎粉彩花鸟瓶

双

高 37 厘米

一只瓶图绘：花开叶茂，生意盎然。一只小鸟飞临枝头，盯住一只蚂蚱，欲擒之而成为口中美餐。另一只图绘：桃花盛开，绿叶相映，一只八哥栖于枝头欢快地鸣叫，传达出春天的信息。

邓肖禹（1920—2000），1978 年被授予“陶瓷美术家”称号，以花鸟瓷画而饮誉瓷苑。

新彩红梅盘

直径21厘米

红梅盘是作者85岁时所作的逸绝神品，颇具文人雅意。以书入画，一气呵成。用笔洒脱而精练，点染率意而严谨。更奇妙的是构图，甜白玉润的圆瓷盘，犹如皓月当空，简洁的枝条和疏花秀蕾，营造出梅花疏影横斜冰肌玉骨的高贵气质。

胡献雅（1902—1995），1925年毕业于上海美专，原为景德镇陶瓷学院教授，中国美术家协会理事。1961年被授予“陶瓷美术家”称号。精通国画，长于书法，擅作诗词。

八十五歲
献雅

粉彩丰收有余盘

直径 30.5 厘米

作者余翰青（1904—1987），1959 年被授予“陶瓷美术家”称号，擅写意花卉，具有深厚的素描功底。所绘花卉蔬果草虫造型逼真，雅俗共赏。

花鸟小碗

双

口径 10 厘米

紫藤小鸡小碗。紫藤盛开，枝繁叶茂，两只小鸡悠哉悠哉地漫步在庭院。题写“闲庭信步”四字，咏物抒怀，天趣盎然。另一只小碗，彩绘 24 只小雀于茂密的林中，朝一个方向欢快地飞舞。题写“雀跃”。诗情画意，情景交融，体现出艺术家的艺术修养和精神境界。
胡献雅先生作于 20 世纪 80 年代。

豐收
有餘

新彩花卉糖缸

双

高 9.5 厘米

枇杷已成熟，果实累累，鲜艳而水灵。三只小鸟突然飞起，意在表现“数颗黄金弹，枝头骇鸟飞”的诗意。笔情墨趣，隽永清雅。另一只糖缸绘万年青花卉，亦精彩绝伦。胡献雅先生作于20世纪80年代。

粉彩灯罩

双

高 15 厘米

粉彩灯罩，胎质细润，造型优美。图中彩绘四只小巴狗，形象逼真，姿态生动。题款：“犬吠深巷里，桃花带雨浓。星江张志汤写于珠山客次。”诗情画意，颇耐雅赏。

张志汤（1893—1971），江西婺源人。1959年被景德镇市人民政府授予“陶瓷美术家”称号。张氏山水画构图严谨，承宋元笔法；动物画结构准确，工整细腻，具清宫廷画家郎世宁风格。

如意
吉羊

童趣图瓶

高33厘米

两个可爱的幼童，身着艳丽的服饰，在山坡上凝神远眺，他（她）俩在关注或企盼什么，画外余韵，留给观者去想象。作品构思新颖，绘画语言纯真朴美。此作品作于丁丑年（1997）。

戴荣华，1940年生，1978年被授予“陶瓷美术家”称号，现为中国工艺美术大师。擅长粉彩和古彩，以人物、花鸟画为主。

粉彩鹦鹉盘

直径22厘米

作者以娴熟的笔法绘出一只活泼灵动的鹦鹉及秋菊，形准而生动，体现出其深入观察体悟物象的能力，以及精湛的笔墨修养。

章仕保（1909—1987），1959年被授予“陶瓷美术家”称号。擅花鸟画。

粉彩秋色盘

直径26厘米

先生师法自然，注重写生，常以家乡山水揽胜入画，富生活气息和时代风貌。所作《秋色图》，山清水秀，意远神清。

王云泉（1916—1998），1961年被授予“陶瓷美术家”称号。擅山水画，画风清新，气势雄浑。他创作的大型陶瓷壁画《井冈山》陈列于人民大会堂江西厅，为观者广为赞誉。

秋色

新彩八哥笔筒·文具盒

笔筒高11厘米
文具盒高9厘米

此为王隆夫先生逸笔之作，用笔老辣、苍浑凝重，颇有雅趣

粉彩花鸟瓶

双

高21厘米

双雁盘旋徐徐降落，欲栖息于芦苇丛中共度良辰。构图巧妙，用笔精细，双雁飞动之态势、羽毛的层次质感鲜活生动，显示出作者娴熟的绘画功力。

荷花水禽图，勾勒晕染，笔墨工细而不呆滞，敷色鲜艳而不俗媚，明丽动人。

王隆夫，1931年生，中国工艺美术大师。

荷塘情趣

粉彩山水印盒

直径 13 厘米

春风吹拂、柳枝摇曳、水波不兴，数只小船游弋于湖中描绘细腻而真实，透视感强。一幅江南春色美景展现在观者面前，令人身临其境。
王云泉作于乙未年（1979）。

釉中彩龙江颂瓶

高43厘米

图中描绘的是龙江人为顾全大局、不惜牺牲局部利益帮助他人的高尚品德。作者生动地刻画出一群纯朴而又内蕴崇高精神的劳动妇女。她们个个神采奕奕光彩照人，以勤劳的双手和美好的心灵，谱写出一曲爱的颂歌。

章鉴（1917—1969），1959年被授予“陶瓷美术家”称号，擅长人物画及花鸟画。

新彩虾趣图小瓶

高 19 厘米

玉洁的瓷釉，犹如清澈的河水，群虾在水中漫游，或静或动，或聚或散乐在其中。此为黄海云先生漫笔，优雅凝神。

黄海云，1920 年生，1959 年被授予“陶瓷美术家”称号，擅花鸟画。

粉彩花鸟瓶

高 23 厘米

器形隽雅，釉色莹润。图绘一簇盛开的月季，鲜艳夺目，散发着阵阵清香，引来一只小鸟飞临枝头，陶醉在春暖花香之中。

汪以俊（1904—1989），1959年被授予“陶瓷美术家”称号，擅花鸟画。

粉彩花鸟灯罩

双

高16.5厘米

粉彩觅食图灯罩，彩绘一只小鸟立于枝头，紧紧盯住两只蚂蚁，惟恐其逃之夭夭。另一面彩绘一只鹌鹑几枝野菊，工写兼施，清雅恬静。

粉彩鱼藻图灯罩，描绘春意融融，湖阔水静，水草丛生，鱼儿漫游其中，题写："撹碎一池春"。另一面绘一双鸭子在水中戏游，河边几茎水草，意在表现"春江水暖鸭先知"诗意。

王隆夫，1931年生，中国工艺美术大师

站起来的雄狮瓷雕

长 38 厘米
高 28 厘米

周国桢先生创作的“动物世界”系列瓷雕，是其从艺 60 余年“真诚的奉献，给童心者以灵趣，给思考者一面人生事态的镜子。表现手法的多变和材质的多样，是其陶艺创作另一重大特征。”作品自然纯真，大美大雅，民族传统艺术与现代精神的结合，思想性与艺术性的结合皆达到了完美的境界。

此作原创于 1995 年，采用传统文化比兴手法，托物比兴，抒发爱国情怀悉心构思而作。一只有血肉、有灵性、有强大生命力象征中华民族伟大复兴的雄狮巍然屹立。其威猛之雄姿，力与美的完美结合，令人为之拍案叫绝。

周国桢，1931 年生，湖南省安仁县人，1954 年毕业于中央美术学院雕塑系。1959 年被景德镇市人民政府授予“陶瓷美术家”称号，原为中国美协理事，中国工艺美术学会雕塑专业委员会顾问，景德镇陶瓷学院教授。1988 年被美国伊利诺斯州世界名人中心列为世界名人；1992 年英国剑桥世界名人中心授予“世纪勋章”。

雕瓷熊猫

高 16 厘米
长 30 厘米

雕瓷熊猫，是周国桢先生《动物世界》系列作品之一，创作于 1988 年。作品以现代陶艺的独特语汇，精心创作国宝熊猫，憨态可掬，十分逗人喜爱。

宜钧瓷雕

高30厘米

题名为"天亮了"的这尊宜钧瓷雕，以红色为主，流淌交融着天蓝、绿、紫、褐、月白等多种色彩，塑造出一只雄健的大公鸡，挺胸昂首，引吭高啼"天亮了"。此为周国桢先生于粉碎"四人帮"之后所作。借物抒情，气韵意象，颇得神韵。创作于1977年。

生肖猪

长 23 厘米
高 15 厘米

生肖猪，周国桢教授创作于2004年，是作者新表现期的作品，采用泥条盘筑工艺制作，具有创新意识，纯朴自然，丰圆肥实，太可爱了

粉彩为人民服务碗

口径 14 厘米

作者准确而生动地刻画出一位平凡而纯朴的女青年医务工作者的形象，极富时代特征。此碗以脱胎工艺制作，工艺考究，瓷绘艺术卓而不凡。碗另一面题写"为人民服务"。作品虽未留下作者的名字，却丝毫不影响画作的艺术魅力。

釉中彩婆媳上冬校瓶

高31厘米

婆媳搀扶着走在上冬校的路上，风雪吹洒身上，笑容绽放在脸上，表现出我国劳动妇女解放后翻身做了当家主人、渴望做文化主人的强烈愿望。作品成功之处在于源于生活而高于生活，思想性与艺术性完美结合，因而具有强烈地感染力。

原作为著名画家汤文选先生代表作，景德镇陶瓷研究所绘瓷艺术家彩绘于如脂似玉的瓷胎上，准确的反映原作，又具独特的瓷韵美感，不失为一件再创作艺术精品。

釉中彩草原英雄小姐妹瓶

高23厘米

此图描绘的是20世纪60年代在内蒙古草原发生的一个真实而动人的故事。蒙古族少女龙梅和玉荣姐妹为保护集体的羊群，在与暴风雪顽强斗争中冻伤了身体。然而，最终她俩以勇敢和智慧保住了羊群。草原英雄小姐妹的事迹很快传遍了大江南北，被人们广为传颂。

景德镇陶瓷研究所艺术家以真人真事为题材，创作出龙梅和玉荣两位典型英雄形象，具有浓厚的生活气息和时代精神，富收藏价值。

青花釉里红彩云飞艺术瓷

高26厘米

奇异富韵律的造型，玉润细腻的胎釉，色彩斑斓的青花釉里缸，多种艺术元素有机融为一体，艺术风格独树一帜。作于2003年3月。
管桂玲（女），1960年生，高级工艺美术师。

双鹤盘

直径23厘米

一双丹顶素羽长颈修足的丹顶鹤，姿态清逸安然，娇美可爱。背景饰以巨石幽篁。整幅画传达出祥和安宁的意境，表现了丹顶鹤纯洁之美。
黄卖九，1938年生，中国工艺美术大师，粉彩、青花皆擅。

青花兰草图小壶

高8厘米

陆如先生自幼随父陆云山学绘画瓷，在传统绘画及陶瓷技艺方面奠定了坚实的基础。于上世纪七十年代初致力于中国花鸟画学习和研究，运用在陶瓷绘画上挥写自如，与瓷器浑然一体，颇具文人气质。此壶造型别致，胎体玲珑剔透，精绘兰草，清气盎然。

陆如，1936年生，中国陶瓷艺术大师。擅画梅、兰、竹、菊，名重当代。

可

粉彩薄胎九桃大碗

口径28厘米

2004年，猴年，是我的本命年。夫人出于美好的心愿，请正泰瓷社经理杜家玲女士恭请景德镇薄胎大王、吉尼斯纪录保持者高梅生先生特制薄胎大碗，著名瓷绘艺术家焦建初先生彩绘九只大桃。瓷艺彩绘美妙精绝。

粉彩戴胜鸟瓶

高 31 厘米

戴胜鸟伉俪相依立于枝头，陶醉于美妙的大自然之中。作品精美脱俗，艳而不媚。此作品作于2003年。

邹宝林，1932年生，高级工艺美术师，擅长粉彩人物、花鸟画。

粉彩花鸟盘

直径 26 厘米

作者于洁白如玉的瓷盘施以水点粉彩绘紫藤双鸟，笔触灵捷，形象俊俏，设色明艳，小鸟的羽毛、光泽、色彩、质感晕染浓淡交融，清新明快温馨可人。题写："花鸟有情。一九七四年冬月写于景德镇。"

邹甫仁，1916 年生，高级工艺美术师，擅长粉彩写意花鸟画。

新彩凝眸盘

直径 30 厘米

图中一位年轻娟秀的女子，着古代服饰，仪态娴静优雅，独自凝眸，深深地幽思。整幅画构思与布局精微巧妙，笔法轻柔洗练，显示出作者精湛的艺术造诣。

章亮，1942 年生，江西省工艺美术大师。

新彩冬咏盘

直径 26 厘米

写雪中之竹，抒胸中之意。画面右侧，挺拔修长的青竹挺立于雪中，竹枝竹叶积雪未融。右侧下方一突兀巨石覆盖着皑皑白雪。左侧两只小鸟飞鸣而至，在静谧的寒雪中增添了几分情趣。作者在意境塑造上着意渲染雪竹凌寒不屈的坚强品格和自然界生生不息的力量。题款为“冬咏。庚寅十月小阳春，浔阳忠勇写。”

夏忠勇，1943 年生，江西省工艺美术大师。

粉彩雪景盘

直径 21 厘米

大雪初霁，远山近岩一派银妆素裹，房舍主人于门前扫雪，小孩赏雪，小狗在雪地里玩耍，呈现出瑞雪兆丰年之喜悦景象。

袁世文，1947 年生，中国陶瓷艺术大师，擅画雪景山水。

指画双鸟盘

直径21厘米

幽静的画面，安逸的小鸟，如梦如幻的色调，呈现的是空濛幽迷的朦胧美。此乃戚先生指画艺术的独特魅力。戚培才，1939年生，中国陶瓷艺术大师。

新彩菜香盘

直径30厘米

散点式构图，以淡墨勾勒，运笔疏朗，布局错落有致，自题书法成为构图的重要组成部分，增添了画面整体美感。翟筱翔，1944年生，高级工艺美术师。

粉彩风雪归庄薄胎小瓶

高19厘米

一老一少行进在风雪交加的归途中。老者、童子及毛驴刻画极富动感。器物虽小，内容丰富，不失恢宏豪迈之势。

凌宗正，1929年生，高级工艺美术师，擅画雪景山水，作品多次获奖。

粉彩携琴访友笔筒

高 13 厘米

曾良先生的外祖父是“珠山八友”之一、著名山水瓷画家汪野亭，其母是中国陶瓷艺术大师汪桂英。他幼承家学研习山水瓷画，得汪氏山水绘画艺术之精髓。“携琴访友图”不仅承袭汪氏衣钵，又融入当代审美意识，在构图、章法布局以及笔墨已有独到之处，咫尺有千里之遥。曾良，高级工艺美术师。

指画牡丹盘

直径22厘米

先生所作指画，既有鲜明的民族特色，又具浓郁的时代精神，色彩明艳亮丽，别具一格

赖德全，1955年生，中国工艺美术大师

新彩紫藤小鸟盘

直径30厘米

紫藤盛开，艳丽芬芳，构图和谐，线条和色彩运用流畅自然，富装饰审美情趣

彭荣新，1944年生，高级工艺美术师

玫瑰紫釉福桶瓶

高 20 厘米

颜色釉，顾名思义以釉色取胜。此件玫瑰紫福桶瓶，造型典雅丰盈，釉色纯净凝厚，温润如玉，光彩华丽。

作者邓希平（女），1942 年生，陶瓷工艺高级工程师。她创作出三十多种新型颜色釉和许多优秀陶瓷颜色釉作品，并获得多个奖项。1990 年获第 39 届尤里卡国际发明博览会金奖和比利时王国骑士勋章。100 件玫瑰紫釉福桶瓶被中国历史博物馆收藏。

瓷画俱佳四方瓶

高21厘米

此瓶为民国旧胎，瓶底“居仁堂”款。作品画风严谨，设色淡雅，人物形神兼备，具有“珠山八友”绘画风格。此为王晓帆（传）20世纪50—60年代初创作。

王晓帆（1918—1963），安徽黟县人，1961年被授予“陶瓷美术家”称号。他是“珠山八友”之一王大凡之子，自幼学画，秉承家传，擅长粉彩人物。在民国时期有“珠山小八友”之称，其他成员是：王小亭、邓碧珊、徐天梅、李明亮、陆云山、魏墉生、石宇初。

太白醉酒（图）　唐代大诗人李白，号太白，性格豪放旷达，擅诗嗜酒，诗酒同他有不解之缘，自称是“兴酣落笔摇五岳”。杜甫也有诗赞道：“李白斗酒诗百篇，长安市上酒家眠，天子呼来不上船，自称臣是酒中仙。”真是点透了李白狂放不羁不畏权贵的性格。此图描绘李白饮酒醉后，虽在醉态仍风姿不减。作者用笔娴熟，景物设置简洁，堪为上乘之作。

米芾拜石（图）　宋代著名书画家米芾喜藏奇石。《中国美术家人名辞典》称，“初于无为州有巨石奇丑，芾见大喜，具衣冠拜之，呼之为兄。世称米颠。不能与世俯仰，故从仕数困。书画自称一家”。此图人物刻画神情毕现，趣味横生。主人公面向奇石谦恭行礼，令人忍俊不禁。

孟浩然爱梅（图）　梅被喻为“四君子”之一，人们赞其冰肌玉骨傲霜凌寒的坚强品格。此图描绘的应是唐代诗人孟浩然爱梅之典故。寒梅盛开，花团锦簇，一老者在童子陪伴下踏梅。老者的悠然闲适，童子的天真质朴，皆刻划入微，臻于妙境。

周敦颐爱莲（图）　荷花“出淤泥而不染，濯清涟而不妖”，从古至今素被文人墨客所赞誉，为丹青高手描绘。此图描绘的应是北宋思想家周敦颐爱莲之典故。数株莲荷劲直而上，怒放的荷花婷立于碧叶之中。主人公在童子陪伴下观荷入迷，其乐融融。

花鸟小瓶

双

高19厘米

一只小瓶绘劲竹小鸟，另一只绘丝瓜小鸡。器物虽小，作者创作一丝不苟，构图严谨，笔墨精熟，随意点染皆成趣，堪为小而精之佳作。

胡献雅，景德镇陶瓷学院教授，陶瓷艺术家。

铜墨盒

铜墨盒，以其古色古香、清雅深邃的风采与魅力，在异彩纷呈的中华艺苑而独树一帜。墨盒虽小，内容颇为丰富。方寸之间铭刻着重大历史事件、名言警句、名人墨迹，还有爱国志士抗敌救国的壮志豪言，以及诗、书、画、印，等等。其蕴涵的历史信息、艺术信息是同时代其他文玩、艺术品无法比拟的。这些遗存下来的时代印迹和精美的刻铜艺术十分珍贵。

其实，它的历史并不很久远，比起笔、墨、纸、砚晚得多。著名史学家邓之诚（1887—1960）等学者曾作过考证，但由于史料缺乏，又无实物可证，只是依照前人传闻推断说，认为大约始于清嘉、道之际。不过，就近些年来考古发现的文物和新发现的传世实物所提供的信息来看，铜墨盒的创始时期有可能大大向前推移。期待发现更多实物，以探寻科学结论。

铜墨盒上施刻铜艺术始于何时何人?

据考证，见于文字记载的最早的刻铜艺术家是清同治陈寅生秀才，并有实物得以印证。陈氏工书擅篆刻，于同治初年在北京琉璃厂开设万礼斋墨盒店，后改为万丰斋。他镌刻技艺精熟，用刀如笔，开创了于铜墨盒上刻诗词书画，从而使这一文房用具迈进高雅的艺术殿堂，并深得文人学士的青睐，为社会广泛接受。

《北京繁昌记》称，“北京之墨盒儿与江西南昌之象眼竹细工及湖南之刺绣，为中国三大名物”。

此后的近百年是铜墨盒发展的兴盛繁荣时期。众多良师名匠博采众长不断创新，尽其美化装饰之所能，使之更加多姿多彩。鎏金，鎏银，仿古玉纹，黄铜、白铜、红铜三镶，掐丝珐琅和嵌银铜墨盒，以及造型各异的新工艺、新品种相继推出；其文化内涵更加丰富，功能用途也更为广泛，除作为书写工具，还被用作馈赠礼品、奖品、纪念品等。

清末民初刻铜艺术进入鼎盛时期，仅京都就有铜墨盒店几十家。他们为了商业竞争各显其能，精益求精，不断推出佳作。在众多墨盒店中，首推著名篆刻家张樾丞先生（1883—1961）于民国初创办的同古堂墨盒店。张先生是继陈寅生之后名冠一代刻铜艺术大师，他勤奋好学，擅篆刻，尤精于刻铜，在继承前人刻技的基础上更出新意，用刀刻表现笔情墨趣，具有独特的艺术风格。同时，张氏其堂弟张寿丞也得其亲传，刻铜技术脱颖而出。兄弟二人携手精研技艺，创作精品累累，为刻铜艺术史写下了光辉的一页。同古堂所刻之墨盒，大多由书画名家提供书画稿，联袂创作，两艺合璧，无一不精妙。众多文人不但自己喜欢使用铜墨盒，还直接参与制作，或自刻自怡，或设计图稿，或撰写铭文。这其中不乏著名书画家、国学大师、学界名流，如梁启超、陈师曾、齐白石、张大千、姚茫父、陈半丁、溥心畬、张伯英、汪溶、袁寒云、马晋、王雪涛、章浩如等。他们的参与极大地提高了铜墨盒的文化品位和收藏价值，同时有力地推动着刻铜事业蓬勃发展。

民国以后硬笔流行，铜墨盒逐渐衰落。至上个世纪五十年代后刻铜墨盒几尽绝迹，虽有腐蚀墨盒依然制作，已失去其刻铜艺术之特色，往昔的辉煌已不复存在。

跨入二十世纪八十年代，中华大地兴起收藏热潮，沉寂了几十年之后的铜墨盒重又引起人们的关注和收藏兴趣。笔者涉足于此是离退休之后，有了更多的闲暇时间，生活水平也日益提高，于是常以逛古玩市场为休闲之雅兴，就这样夫唱妇随地搞起了收藏。在众多的艺术品类中，尤为笃好铜墨盒这一文玩珍物。它神采风韵具有鲜明的时代感和独特的审美意趣。我们常常为那些镌刻精美的书法图画而赞叹不已，也常常低首诵读墨盒铭文，为先贤们在民族危亡时刻所表现的爱国精神而感动。十多年来，不懈地追求，不停地学习，不断地在祖国博大精深的传统文化中汲取营养，在潜移默化的艺术熏陶中获得精神享受。如今藏品日渐丰富，鉴赏水平亦有了一定提高。先后撰写《刻铜墨盒》、《吴昌硕刻铜墨盒》、《民国铜墨盒・锻铸兴衰史》等文章发表在《收藏家》、《中国收藏》杂志上。在此基础上，对本斋的藏品进行审慎地遴选与精心地编排，经过多次修改而成书。仅以此作为我们的收藏小结。

本章的着重点是收藏与鉴赏。关于铜墨盒的发展史，另作专题探讨。至于蒙古族铜墨盒、藏族铜墨盒始于何时，它与汉族铜墨盒之间的渊源关系，则不是本文要说的问题。但是有一点可以肯定，在中华民族这个多民族大家庭中，各民族文化是相互借鉴、融合而共同发展的。

吴俊卿刻鹤庐铜墨盒

清光绪
白铜
边长12.4厘米，高4厘米

盒面刻一幅松鹤图，一双美丽的丹顶鹤长立于松树之上，占据画面重心，形态可人；古松苍老而朴茂雄伟，高耸入云；树旁一簇牡丹，叶茂花盛，栩栩如生。左上角篆书题"鹤庐"两个大字，又以坚劲的行草题写49个小字，说明此铜墨盒的刻制缘由与时间，署名"吴俊卿"，右下角刻白文印"缶"字。此图系吴俊卿于1905年（时年61岁）所刻。吴俊卿即吴昌硕，其一生刀笔耕耘，诗书画印佳作累累，然而其刻铜作品极为罕见。此图整体气势奇妙，诗、书、画、印融为一炉，体现出文人的气质。"鹤庐"二字，金石味十足，古朴中见秀丽，严谨中显飘逸。方寸之间创作如此完美的构图和丰富的内容，将诗情画意融化于刻铜艺术之中，足见其功力之深厚，卓而不凡。

吴俊卿(1844—1927)，字昌硕，号缶庐、缶翁、老缶等。70岁以后以字行。近代著名书画家、篆刻家。画风苍老华滋，重意境神韵，尤精于草法。其书法古朴雄健，篆、隶、行、草皆精，尤以石鼓文最为擅长

以介眉寿刻铜墨盒

民国
白铜
直径9厘米，高3厘米

陈师曾画，张樾丞刻。图中画两枝梅花，疏影斜出，清新幽雅。纵笔画一巨石，梅石同具神清韵绝。再经张樾丞神奇的镌刀，将画家的笔意表现得淋漓尽致，颇具艺术感染力。此墨盒制作精致，铜质尤佳，含白银量多，手感细腻光润。制作于辛酉年（1921）。盒底钤"北京·同古堂"印。

陈师曾（1876—1923），名衡恪，号槐堂、朽者或朽道人。我国著名画家和艺术教育家，曾为同古堂画过不少画稿。

张樾丞（1883—1961），精书法篆刻，尤精于刻铜艺术。曾在琉璃厂西街开设图章墨盒店，名叫"同古堂"。末代皇帝溥仪所用之"宣统鉴赏"、"无逸斋精鉴玺"即为张氏所刻。中华人民共和国中央人民政府第一枚国印也出自张氏之手，现藏于中国历史博物馆。

梅竹八哥刻铜墨盒

民国
白铜
长 11.5 厘米，宽 5.5 厘米，高 2.5 厘米

横幅画面，梅枝由中央左右斜向而上，花朵或盛开或含苞待放，疏落有致。右下方点缀几枝翠竹，使画面增强稳重感。画面中心是一只八哥栖于枝头，神情生动，宛然欲活。此作刻技娴熟，飘逸中别有一种凌厉峭拔的韵味，表现出刻铜艺术独特的魅力
汪溶 (1896—1972)，字慎生。擅小写意花鸟，亦能山水。

薤草石图刻铜墨盒

民国
黄铜
长 13 厘米，宽 8 厘米，高 3.3 厘米

这是一幅诗、书、画、镌刻完美结合的佳作，颇具文人雅意。刀法老辣，雄健舒意，笔笔见真功。图中刻石笔意酣畅有狂草飞白之意趣，薤叶和梗以战笔勾画，有断有续富节奏感和韵律之美。花朵似浮云，若静若动妙在其中。右上方题诗一首："轻装凉佩爱英云，约素仙姿喜见分。块石蒜根抽薤叶，古铜洗里溢清芬。"诗文清新，咏物抒情，意味无穷。署款"茫父"。
茫父（1876—1930），姚华之号，字重光。绘画以山水花卉为主，工书法，精诗文词曲、碑版古器及考据音韵之学。曾为同古堂提供不少书画稿。

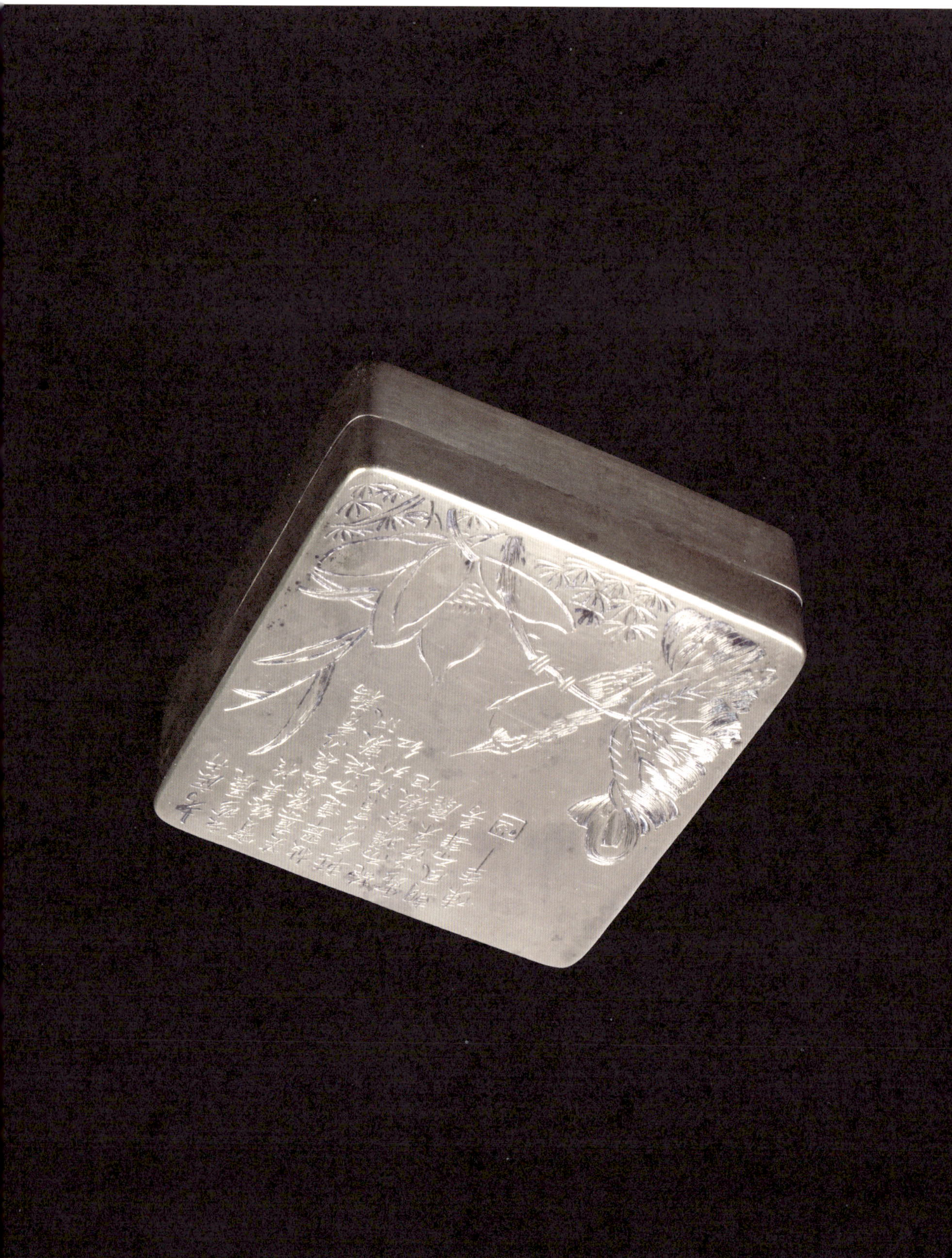

荷花翠鸟刻铜墨盒

民国

黄铜

边长9.3厘米，高3厘米

图中描绘荷塘一隅，一花一叶，几茎水草。荷叶掩映，清荷飘香。一只翠鸟落于枝头，凝视着远方，吸吮着清新的甘露，尽情地享受着大自然的恩赐。整幅画面充满宁静的诗意。右上方行书题款与画面浑然一体，更深化了画面的意境和情趣。署款“陈年”，钤“半丁”小印。

陈半丁（1877—1970），名年，字半丁。以写意花卉著称于世，亦能山水、人物、虫鱼与鸟兽及金石篆刻。

琴妹清玩刻铜墨盒

民国

白铜

长 8.3 厘米，宽 5.2 厘米，高 2.5 厘米

这是一件馈赠礼品铜墨盒，其制作、构思立意、镌刻皆有较高的艺术水平。盒面阴刻赠琴妹四句箴言：“勤能补拙，俭能养廉，守身似玉，执法如山。”句句真切感人。又以阳刻清雅高洁的兰竹，颇耐赏玩。

叠翠山水图刻铜墨盒

民国

白铜

边长 9.2 厘米，高 3 厘米

山峦叠翠，朴茂华滋，气韵豪迈，笔趣刀工有飘然凌云之气。盒底钤“北京·同古堂”印，署款“甲子”，应为 1924 年。

菊韵图刻铜墨盒

民国
白铜。
边长 6.4 厘米，高 2.5 厘米。

整幅画面气韵贯通，疏密自然。刀法尤为精美，峻峭奇丽而又不失淳朴与凝重，造型准确而又突显菊之傲霜凌寒坚强不屈的风韵。署款“师曾”。钤“朽”字小印。陈师曾一号朽者或朽道人。

薄地阳文刻山水铜墨盒

民国
白铜。
长 10.6 厘米，宽 4.6 厘米，高 2.5 厘米。

远山近水，茅亭林木。刀法颇具“薄地阳文”刻竹刀法之风韵

沈心海画人物刻铜墨盒

民国

白铜。

长 15 厘米，宽 11 厘米，高 3.5 厘米。

此为上海名画家沈心海古稀之年应西江先生之嘱所作。景物设置典雅，童心童趣，妙趣横生，给人以赏心悦目的美感。“丙子”，应为 1936 年。

沈心海 (1855—1941)，名兆涵，字心海。上海人。擅人物画。

李白吟秋浦图刻铜墨盒

民国

白铜。

长 16.5 厘米，宽 13.5 厘米，高 2.8 厘米。

李白，唐代大诗人，字太白，号青莲居士。秋浦，唐池州署县，今安徽贵池县。李白漫游到此，写下了热情奔放的组诗《秋浦歌》17 首。署“甲子”，应为 1924 年。

福来图刻铜墨盒

民国

黄铜

边长 7.6 厘米、高 2.7 厘米。

盒面刻一人物，迎面飞临一只蝙蝠。署款“福来，白石”。镌白文“木人”印。“木人”印为白石先生常用书画印。盒底钤“中华书局监制”。人物造型夸张、简练传神，充满人情味、幽默感。齐白石（1863—1957），现代著名画家、书法家、篆刻家。

赏梅图刻铜墨盒

民国

白铜

长 9 厘米、宽 6 厘米、高 2.7 厘米

一盆精心培植的梅花，疏枝秀蕾，清雅奇妙。一老者坐蒲赏梅，全神贯注。人物造型古朴，神态刻画惟妙惟肖。署款“甲子纪念，超六敬赠，浩如画”。盒底钤“北京·同古堂”印。章炳汉，生于 1870 年，卒年不详。字浩如，民国画家，擅山水及人物。

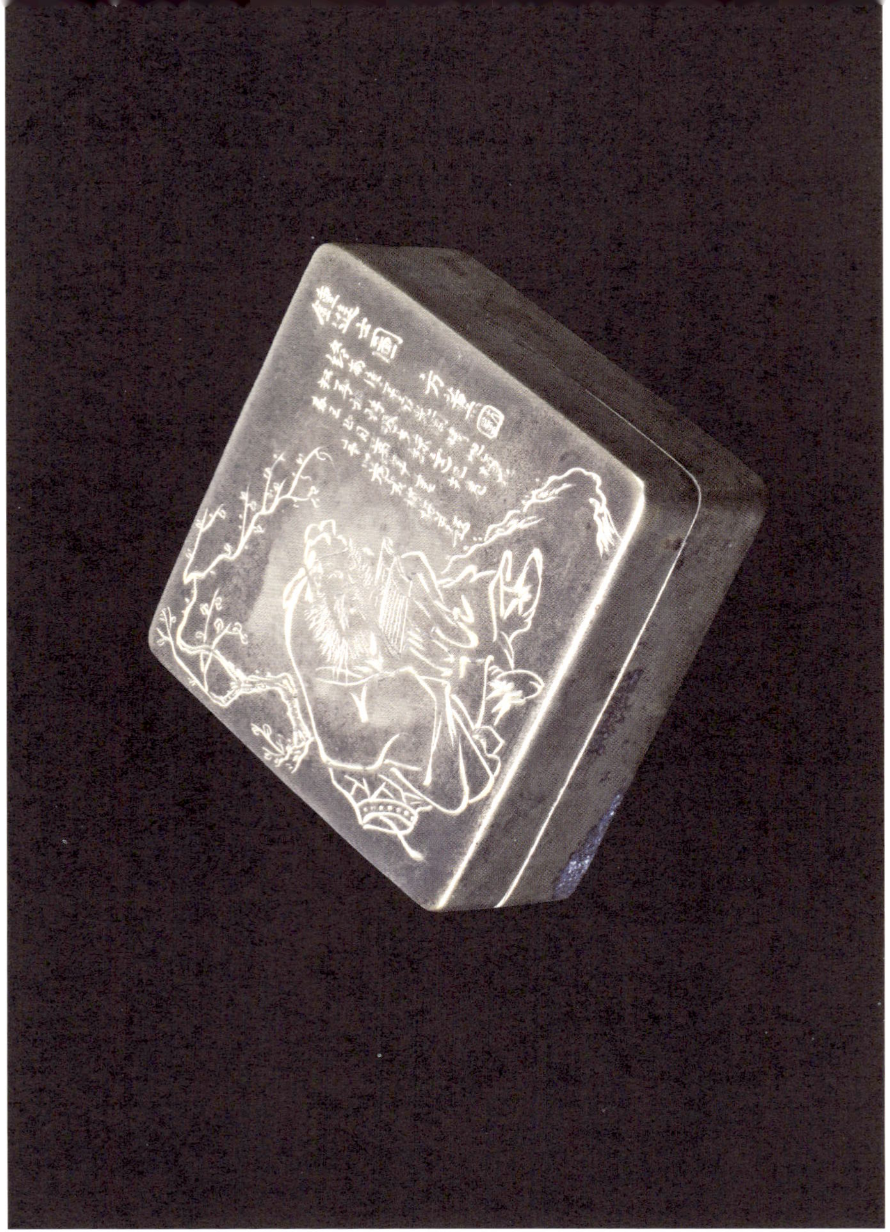

钟进士读书图刻铜墨盒

民国

黄铜鎏金

边长 7.8 厘米，高 2.8 厘米。

此画稿为方薰原作。镌刻家再创作于铜墨盒，洗练，传神地刻画出钟馗扬善抑恶，气宇轩昂的艺术形象，极具艺术效果。方薰（1736—1799），字兰士，号兰坻。浙江人。诗书画皆擅，山水、人物、花鸟、草虫悉臻其胜。著有《山静居画论》。

婴戏图刻铜墨盒

民国

白铜。

边长 7 厘米，高 2.7 厘米。

坡柳旁，草坪间，五个活泼可爱的孩童在玩捉迷藏。画面气韵生动，颇富童趣，洋溢着祥和欢乐的生活气息。构图与镌刻皆精，令人玩味无穷。

对弈图刻铜墨盒

民国

白铜

长 16.5 厘米、最宽 9.5 厘米、高 3.5 厘米

墨盒为葫芦造型，少见。盒面镌刻一幅消夏对弈图，一僧一俗在葫芦棚下对弈，幽静清远，逸致翩然

静

书卷形仿古玉纹刻铜墨盒

民国

白铜

长17厘米，宽9厘米，高3.6厘米

注：另有撰文，见本书036页。

蔡元培赠友人仿古玉纹刻铜墨盒

民国
白铜
高3.7厘米　边长8厘米 ×6

仿古玉纹铜墨盒是铜墨盒之珍品。我国近代大收藏家朱翼厂先生，尤为珍爱仿古玉纹铜墨盒。他收藏的一方仿古玉纹铜墨盒与黄玉墨床、青花釉里红瓷印色盒等珍贵文玩，同陈设于红木方桌上赏玩。此珍玩温润古雅，端庄大方，其工艺之巧、书法之美、镌刻之精堪为三绝。署款"癸丑年蔡元培赠，茫父刻"。"癸丑"年应为民国二年（1913）。

蔡元培（1868—1940），近代资产阶级民主革命家、教育家、科学家。

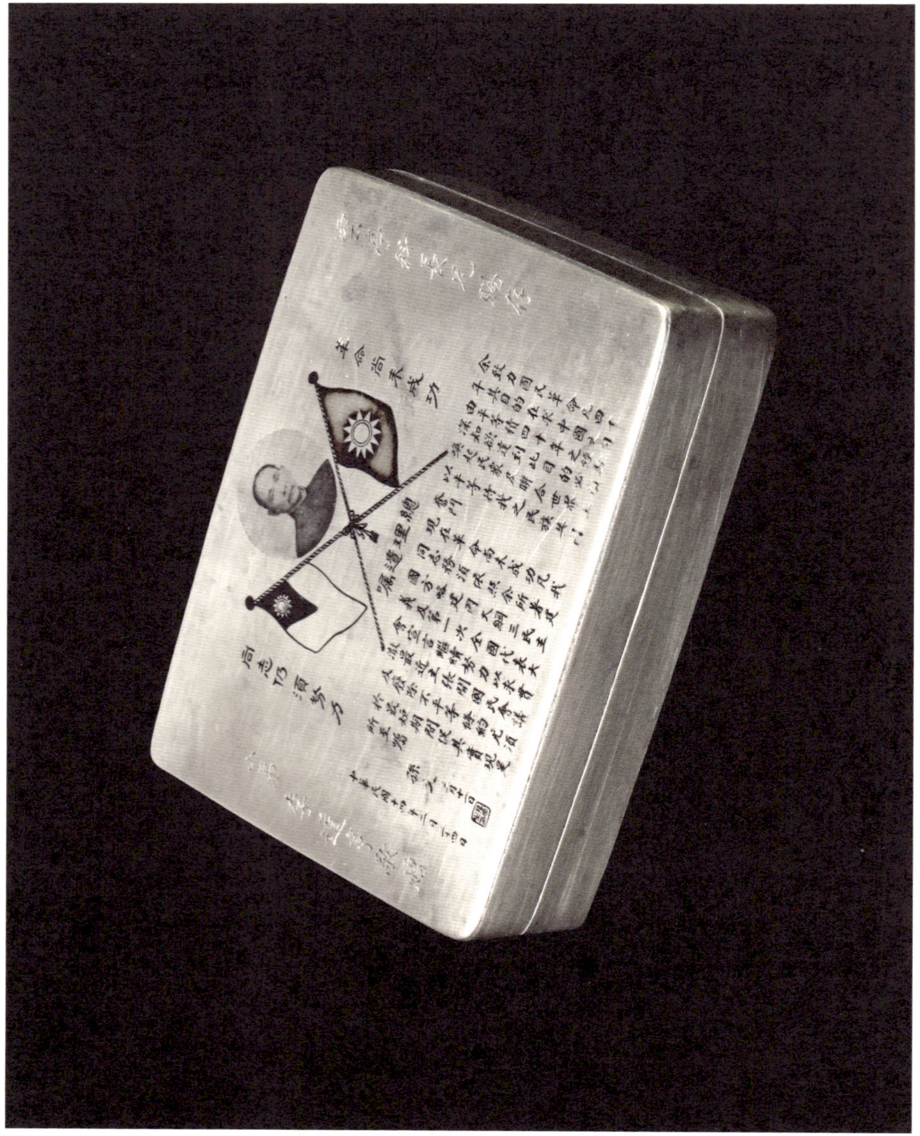

《自书告身》刻铜墨盒

民国

白铜

边长 9.4 厘米，高 3 厘米。

书法端庄而秀颖，刀法淋漓畅快，非大师之刀笔难以为之。所录内容是唐代大书法家颜真卿得授太子少保时自书（节录），时在建中元年（公元 780 年）八月二十五日。

梁启超（1873—1929），字卓如，号任公，又号饮冰室主人。广东新会人。思想家、文学家。著有《饮冰室合集》。

孙中山逝世纪念铜墨盒

民国

黄铜

长 10 厘米，宽 7.1 厘米，高 2.8 厘米。

伟大的民主主义革命先驱孙中山先生领导辛亥革命，推翻了延续二千多年的君主专制制度，成为我国近代史上一位倍受崇敬的伟人。他鞠躬尽瘁，积劳成疾，于 1925 年 3 月 12 日在北京与世长辞。为纪念这位永垂青史的伟人，于当时特制此铜墨盒。

还我河山刻铜墨盒

民国

白铜。

长 10.7 厘米、宽 4.6 厘米、高 2.5 厘米。

盒面摹刻岳飞“还我河山”草书，其书充溢着忠义之气和报国之情，历来为世人所推重。它曾激励一代又一代中华儿女，为洗雪国耻，重整河山而进行不屈不挠地英勇斗争。我在十多年的收藏过程中，曾见到多件刻有“还我河山”字样的铜墨盒，多为民国时制作，但皆不及这件精美。其实无论精美与否，每一件都铭刻着先辈们的爱国情与民族根。

五原誓师刻铜墨盒

民国

白铜。

长 17 厘米、宽 8 厘米、高 3.5 厘米。

冯玉祥（1882—1948），爱国将领。

冀中區第五行政區政府

冀中一日活动刻铜墨盒

民国

白铜。

径15厘米，高4.5厘米。

注：另有撰文，见本书035页。

此铜墨盒购于1999年初春。之后经过数年的考证，还是一次偶然阅读《老人天地》杂志，得知魏巍同志当年在冀中地区工作。我劳请凡吾老（魏老的抗大同学）与魏老取得联系。魏老深情地回忆起那段历史，并告知"冀中一日活动"开展于1941年，《孙犁文集》有详细介绍……随后，我同老伴到北京图书馆查阅了《孙犁文集》

冀中人民从"七七"事变起，在中国共产党的领导下，建立了自己的抗日武装、抗日政权和人民团体，开展了轰轰烈烈的抗日斗争。"冀中一日活动"就是在这个基础上开展起来的。1941年春由冀中党政军首长程子华、黄敬、吕正操等同志号召发起的"冀中一日"写作活动，动笔写稿者近十万人，包括干部、士兵和农民，从上夜校识字班的妇女到用四六句写文言文的老秀才、老士绅，还有老太太口述着找人替写。稿件多至需用大车拉着打游击。初选二百多篇，分为四编：一、鬼蜮魍魉；二、铁的子弟兵；三、独立、幸福、自由；四、斗争中的人民。于1941年秋季油印出版，约30余万字。

"冀中一日活动"生动地纪录了冀中人民抗日战争初期的战斗生活，它是冀中人民抗日斗争的颂歌，也可以说是一次伟大的人民文学创作活动，将永载于抗日战争的壮丽史册。

明是非安本分刻铜墨盒

民国

黄铜。

边长9.3厘米，高3厘米。

注：另有撰文，见本书031页。

何基沣（1898—1980），字芑荪，河北藁城人。1923年保定军校毕业后参加西北军。中原大战后任29军109旅副旅长。1933年参加喜峰口抗战。卢沟桥事变时，任29军37师110旅长，指挥所部顽强抗击日军，从而打响了中华全民族抗日战争的第一枪。1938年秘密前往延安，受中共派遣回原部队工作。1939年1月加入中国共产党。1948年淮海战役时任国民党第三绥靖区副司令官，与张克侠一起率该区主力部队起义。解放后任解放军34军军长、南京警备区副司令员、水利部副部长、国务院水土保持委员会副主任兼秘书长、全国政协常委。1980年1月20日在北京病逝。

中華民國陸海空軍副司令

宋哲元书诚真正平刻铜墨盒

民国

白铜

边长9厘米，高3厘米

盒面刻宋哲元隶书“诚真正平”，署款“宋哲元 一五·一二·一五”字样。余所见中国人民抗日战争纪念馆馆藏之“陆军第二十九军军事训练团”纪念章正面亦有“诚真正平”四个篆字。上述两物应为同时代之纪念品。

宋哲元（1885—1940），字明轩，山东乐陵人。曾任国民党第29军军长、察哈尔省政府主席等职。

张学良就职纪念铜墨盒

民国

白铜

直径8厘米，高2.3厘米

张学良“易帜”拥蒋，由“东北三省保安总司令”升任“中华民国陆海空军副总司令”，于1930年10月9日在奉天（今沈阳）宣誓就职，特制此铜墨盒以示纪念。

民國九年八月九日

勿忘国耻刻铜墨盒

民国

白铜

边长 8.6 厘米，高 3.4 厘米

以优质白铜制作，盒面有一层厚厚的色浆，刻“勿忘国耻”四个大字，字体浑厚，笔力遒劲。从字迹特征来看应是爱国将领冯玉祥墨迹。署款“民国九年八月九日，步二团二营营长过之纲赠”。据考，过之纲时任冯玉祥部下营长，后升至旅长。

冯将军能诗擅书，楷隶皆精，常为部下和朋友书写诗词和对联，多为抗日救国内容，字里行间饱含着民族大义和爱国深情。他写得最多的有：“救国安有息肩日，抗日方为绝顶人”；“携手为抗倭好友，同心作建国先锋”；“还我河山”；“精忠报国”等。如今遗存下来的将军墨迹十分稀少。当然不仅是稀少才珍贵，重要的是人们看重其人品。“字以人贵”乃是历代鉴赏家的共识。

香港回归倒计时 50 天，将其献给中国人民抗日战争纪念馆。

胜利纪念刻铜墨盒

民国

红铜

长 8 厘米，宽 5.2 厘米，高 2 厘米

1945 年 8 月 15 日，日本政府宣布无条件投降，人们以不同方式庆贺胜利。郭惠苍先生则于铜墨盒铭刻“胜利纪念”，以示纪念。

香港回归倒计时 50 天，将其献给中国人民抗日战争纪念馆。

『铁肩担道义，辣手著文章』刻铜墨盒

民国

白铜。

边长 14 厘米，高 4.6 厘米。

“铁肩担道义，辣手著文章”联句，出自明朝被奸臣严嵩迫害致死的兵部员外郎杨继盛之手笔。杨之胆气豪壮的联句和人品尤为李大钊所景仰。他将“辣手著文章”改为“妙手著文章”。这副对联可以说是李大钊一生的生动写照：铁肩担道义，洗国耻，救中华，立志报国；妙手著文章，信马列，主义真，视死如归。耐人寻味的是，这件铜墨盒恰制于李大钊英勇就义十周年之际。观此物不能不对两位先贤心生敬意。

十八字箴言刻铜墨盒

民国

白铜

边长12.4厘米，高3.8厘米。

"使气最害事，使心最害理，君子临事平心易气"十八字箴言，系云外子录吕新吾语，刻制于庚午年，应为1930年。盒底钤"文华阁"印。吕新吾（1536—1618），明万历进士，历任官吏部主事、刑部左右侍郎等。著有《实政录》、《四礼疑》、《呻吟语》等。云外子未考证。

庞居士语刻铜墨盒

民国

白铜

长10.2厘米，宽7.4厘米，高2.9厘米。

庞居士语："但愿空诸所有，慎勿实诸所无。"书法刻工皆妙。真如，（1889—1965），即陈铭枢，字真如。曾参加"一·二八"淞沪抗战。建国后曾任全国人大常委、政协常委等职。陈铭枢是民国著名佛学家桂百炼的弟子。

百字赠言刻铜墨盒

民国
白铜
边长9.2厘米，高3厘米

此铜墨盒是哥哥在弟弟离家远行之际所赠之纪念物。家人的牵挂、勉励、关爱与嘱咐皆渗透在百字箴言中，情真意切，感人肺腑。

《前赤壁赋》刻铜墨盒

民国
黄铜
直径12.4厘米，高4厘米

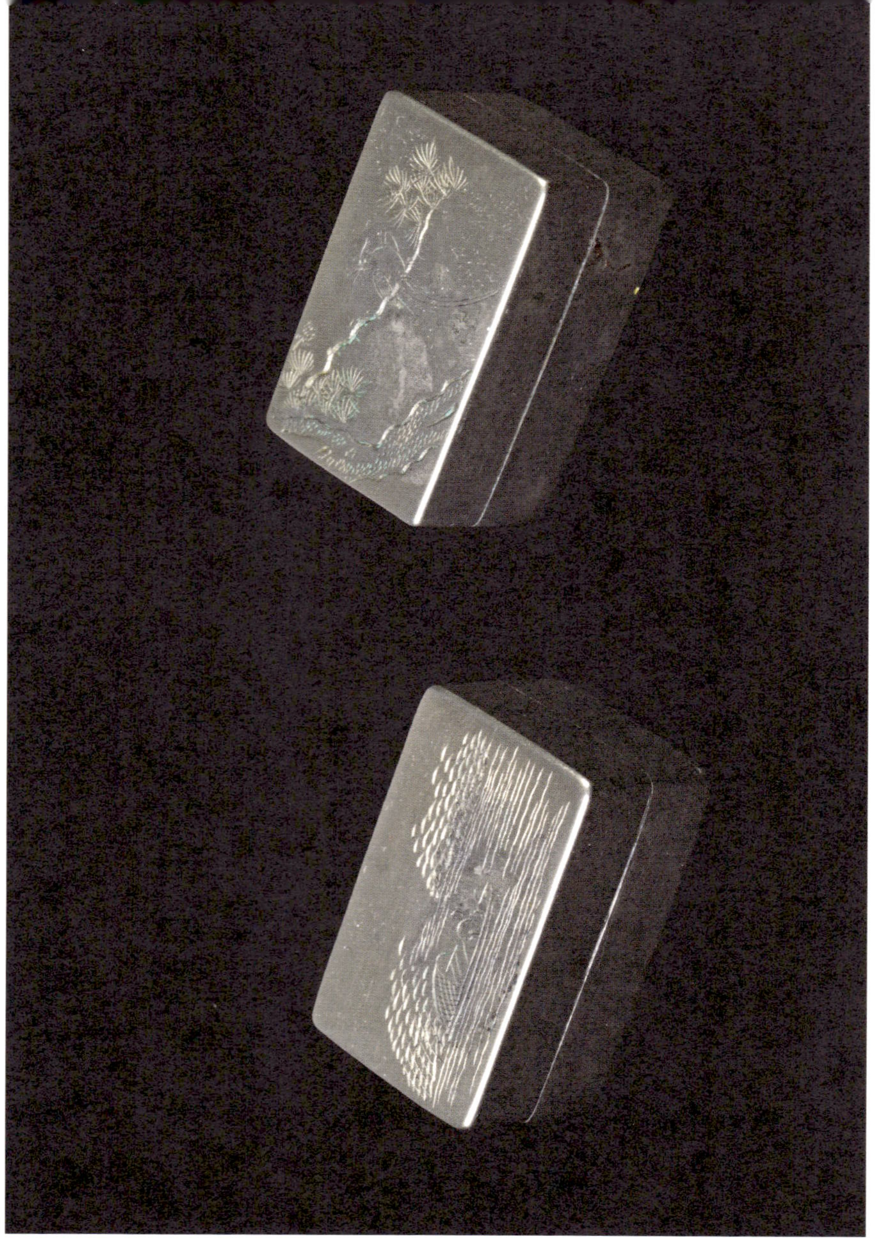

《陋室铭》鎏金刻铜墨盒

民国

边长 9.4 厘米，高 2.5 厘米

批文刻铜墨盒

清

白铜

长 4 厘米，宽 2.5 厘米，高 2 厘米

两方小型铜墨盒。一方盒内残留朱砂，一方盒内残留墨迹。此墨盒为文人校注书刊用或先生为学生批改作业所用。

双

摹刻瓦当文铜墨盒

民国
白铜。
边长7.7厘米，高3.2厘米。

摹刻瓦当文铜墨盒

清
白铜。
直径8厘米，高3厘米。

盒底钤“秀文”印。

北平正陽門

北京前門

北平正阳门铜墨盒

民国

黄铜

边长7.7厘米，高2.8厘米

老北京前门铜墨盒

民国

白铜

长13厘米，宽8.6厘米，高3.6厘米

摹刻古铜器铜墨盒

民国

白铜

长9.3厘米，宽6.3厘米，高2.6厘米

铜胎掐丝珐琅宜侯王墨盒

清

红铜

长6.3厘米，宽4.6厘米，高3.2厘米

铜胎掐丝珐琅墨盒传世品极少，精品更难寻。此作线条流畅，镀金光亮，珐琅釉艳丽，是掐丝珐琅铜墨盒中一件艺术佳作

黄铜白铜红铜三镶竹节形刻铜墨盒

民国

直径6厘米、高2.5厘米。

以黄铜、白铜、红铜三种铜镶接，工艺精巧，造型别致。盒底钤“荣宝”印，是荣宝斋制造。

铜胎掐丝珐琅努尔哈赤像墨盒

清
黄铜。
边长 8 厘米，高 3 厘米。

爱新觉罗·努尔哈赤（1559—1626），清太祖。建州女真首领、后金建立者。清建国于 1616 年，初称后金。1636 年始改国号为清。1644 年入关。盒底钤“文宝”印。

嵌银铜墨盒

清
红铜。
边长 8 厘米，高 3.5 厘米。

此墨盒面嵌“黄娟幼妇，外孙齑臼。摹蔡邕题曹娥碑文。季贞观察钧鉴。属吏周声汉谨赠”。
“观察”，清代对道员的尊称。

嵌银山水图铜墨盒

民国

红铜

边长 9.8 厘米，高 2.5 厘米

盒底钤“滇省·二途街·岳永康”字样

蒙古族黄铜錾花墨盒

清
黄铜。
边长5厘米，高3厘米。

蒙古族铜墨盒制作精致，錾饰图案花纹。有系环，便于携带。常见有鎏金及银质墨盒。盒内无石板，盒盖与盒身连接在一起。揭开盒盖，盒身上端有一小口，由此处蘸墨汁书写。
此墨盒以黄铜镶银白铜花纹，錾花工艺考究，并配置一双笔帽

藏族铜墨盒

清
红铜。
高4厘米。

藏族铜墨盒多为铸造，造型优美，具有典型的藏族风格。常见有鎏金墨盒，少见刻纹饰者。盒内装入以矿物材料制作的墨汁，以竹签作笔蘸墨汁书写。许多墨盒内残留墨汁凝结的墨块，浸水尚能使用。

紫

砂

我国锦绣江南太湖之滨有一座小镇——宜兴丁蜀镇，以产紫砂壶驰名中外。那里生产的紫砂壶具有泡茶醇郁芳香不走味，贮茶不变色，盛暑不易馊的特殊功能，一经面世便受到饮茶者的喜爱。

紫砂壶始于何时，有实物可考的是 1984 年在南京市中华门外油坊桥发掘的明嘉靖十二年（公元 1533 年）一位司礼太监吴经墓出土的紫砂提梁壶，紫砂学者认为它标志着宜兴紫砂壶从日用煮水器过渡到紫砂艺术，是迄今所见到的最早的一把紫砂壶。

从审美观点来看，宜兴紫砂壶典雅大方，色泽自然淳朴，品种样式繁多。光货有石瓢壶、僧帽壶、秦权壶、掇球壶等；花货有蟠桃壶、柿子壶、南瓜壶、佛手壶等；筋纹壶有如意仿古壶、菱花线元壶、合菱壶等，千姿百态，气象万千。

紫砂壶不仅具有外在形式之美，更具有丰富的文化内涵：它独赋民族传统文化特色，融诗文书画、金石篆刻于一体，山川林木、诗词翰墨妙笔生花，还有修身养性、怡神益智之箴言策语等等，呈现出独特的艺术美感。有

人说，收藏紫砂壶是“不见则已，一见爱不释手；不集也罢，一集终身不休”。

本斋收藏当代紫砂壶大致走过了两个阶段：

第一阶段，边学边藏，循序渐进。初入道首先关注那些新人新秀精巧之作，有传统样式的，也有独创新意的。其作品比较精美和经济实惠，投资风险不大，眼力好还有升值潜力。再就是自己参与设计定制，最能融入藏壶人的心智和情愫，品茗把玩更有一种与心灵相通的亲切感。

第二阶段，注重专题收藏。随着藏品的积累和鉴赏水平的提高，着力追求个人风格的收藏，将目光聚集在以下几个方面：

一、文学趣味浓郁，工艺精美之作是首选。这里指的是以下两个方面的作品：

其一，当代陶艺师大多具有较高的文化艺术素养和传统陶艺的深厚功底，擅书画篆刻者也不乏其人。陶刻艺术不但拓展了紫砂壶的审美范畴，同时，优秀的陶刻作品本身就是独具魅力的艺术品。谭泉海、鲍志强、毛国

强、沈汉生等陶刻艺术领军人物，为此做出了不懈的努力，佳作累累。这些高明的陶艺师恰如其分地依壶装饰诗词书画，切壶切题，浑然天成，艺术效果徒增。

其二，陶艺师与文人学士、书画名家联袂制壶，这是紫砂壶有别于其他工艺品所独有的文化现象。众多文人墨客历来与紫砂壶有不解之缘，继清代著名金石书画家陈曼生开创与制壶艺人合作之先河，随着时代的演进，时至今日蓬勃发展，遂将文人参与制壶推向了一个新的高峰。书画名家参与制壶人数与制壶数量之多前所未有。文人的参与，使紫砂壶更显典雅、更具书香气，文化内涵和收藏价值得以更高的升华。青年陶艺家毛大步先生，文学造诣深厚，擅制壶，精鉴赏，著有《紫砂壶鉴藏宝典》等专著，与诸多名书画家友善，联袂创作许多精典作品。其中包括与著名画家范曾、谢稚柳、唐云、程十发、张仃、孙其峰、刘文西、冯远、黄丕谟、曹简楼、刘健等合作制壶。欣赏一款款工艺精湛、书画兼美双绝合壁的紫砂艺术品，让人感受到一阵阵书香气息扑面而来，沁人心脾。著名书画篆刻家张立涛先生擅陶刻，驾驭刻饰紫砂艺术的功力、技巧与艺术修养达到了很高的美学境界。以书画篆刻艺术刻饰茗壶数百把，四川美术出版社出版了《清华堂·张立涛书画紫砂集》，收录百把名壶，并配有诗画篆刻。其淳厚而有个性的书法，典雅富诗意的绘画、苍古凝重的篆刻艺术，以及含英咀华妙趣横生的诗词，令人百看不厌，长久回味。

二、具有历史价值的纪念壶。它记录着一些重大历史事件或人物，除具有实用价值和艺术价值外，更有其历史价值。著名紫砂艺术家葛军先生，擅于将传统紫砂艺术与时代精神相结合赋予新意，创作出一款款设计新颖、工艺精美、文学与美学底蕴深邃的紫砂艺术经典作品，而屡获金奖殊荣。他的作品传递给人们的信息是博大精深的民族精神和永不磨灭的历史记忆。高级工艺美术师邵顺生先生设计制作的《世博》壶，它以历史镜头记录下盛世华彩篇章，一个民族美好记忆将传之永远。

三、再就是朋友赠送的礼品壶。小小紫砂壶承载着厚重情义，以壶传谊，弥足珍贵。欣赏此类紫砂壶，局限于“形、神、气、态”的审美标准显然是不够了，情义应该摆在艺术欣赏之上。如著名书法家沈鹏老友赠予一把紫砂壶，我们常常在欣赏把玩时情不自禁地沉浸在友情之中，深悟杜甫那句名言“交情老更亲”。还有几把朋友赠送的礼品壶，皆为品茗赏玩之尤物。

同时，我们还审慎地收集高工、大师作品及仿古作品，这对于深入研究紫砂壶的源与流，及其发展变化走向态势是有裨益的。

仁者壶

沈鹏书
范惠芬制壶
高 10 厘米
底印　范惠芬制
盖印　范惠芬

此壶是著名书法家沈鹏同志赠予，当珍如拱璧永保之。老友的深情厚谊以及各方面的关爱与帮助，我们时刻铭记在心，感恩不尽。

庄生梦蝶壶

范曾书画
毛大步制壶
高 9 厘米
底印　毛大步制
盖印　毛大步

青年陶艺家毛大步先生，以纯正紫砂运用传统手法制作，工艺精细，充满神韵。著名书画家范曾先生即兴挥写“庄生梦蝶图”；另一面书刻“庄生大美存天籁，屈子芳华袭我躬。六秩自寿句，丙戌范曾。”壶盖刻两只翩翩起舞的蝴蝶和“梦蝶”二字。人

物传神，文采飞扬，彰显此壶的艺术魅力。

毛大步，青年陶艺家，擅制壶，精鉴赏，著有《紫砂壶鉴藏宝典》等著作。

松风壶

谢稚柳书画
毛大步制壶
高 5.5 厘米
底印　毛大步制
盖印　毛大步

谢稚柳，当代著名画家、书画鉴定专家。绘画山水花鸟兼擅。先生雅好于紫砂壶上作画，据说曾画壶数十把，一次于陶都陶雅大观的联谊活动会上当众表演，一气呵成八把壶，成为紫砂与翰墨结缘的佳话。此幅松风图，以写意笔法状写松树之风神韵致。题写："松风谡谡，人过茶寮。谢稚柳。"字字珠玑，笔笔生辉，意境悠远。

蟹趣图壶

孙其峰书画
毛大步制壶
高 6 厘米
底印　毛大步制
盖印　毛大步

壶体造型古雅苍劲。书画作者孙其峰先生，当代著名画家，以花鸟画名世，兼擅山水书法及篆刻。此图刀法苍莽老辣，绝无雕琢痕迹，螃蟹的质感动感形态毕肖，颇有佳趣。

此作于戊子年（2008）。

独钓壶

冯远书画
毛大步制壶
高 7 厘米
底印　毛大步
盖印　毛大步

一老者坐于船头凝神垂钓。题写“人寿年丰”。书画品位高雅，意境恬淡。

冯远，著名画家，中国文联副主席。

石榴图壶

曹简楼书画
毛大步制壶
高 9 厘米
底印　毛大步制
盖印　毛大步

此壶造型简约古朴，细部不失精致。“石榴图”是著名篆刻家曹简楼先生八十九岁所作。寿翁宝刀不老，铁笔挥运，古拙中不乏灵动之趣，题铭风雅吉祥。

大有馀壶

程十发书画
毛大步制壶
高 9.5 厘米
底印　毛大步制
盖印　毛大步

壶体饱满浑厚而简约。著名画家程十发绘一条大鱼两条小鱼。鱼儿灵动，清逸悠然；另一面书“大有馀”，寓意吉祥。

太湖扬帆壶

黄丕谟书画
毛大步制壶
高 7 厘米
底印　毛大步制
盖印　毛大步

此壶以朴实大方的造型与精湛的陶刻艺术相结合，格调高雅，风韵秀美。画面湖水开阔，烟波浩森，风光旖旎。数只小船扬帆在湖中，与岸上人群相呼应，构成了一幅清丽的山水画卷。另一面刻录宋代大文学家欧阳修《醉翁亭》名句：“醉翁之意不在酒，在乎山水之间也。山水之乐，得之心而寓之酒也。”精彩的词句与太湖之美景相映生辉，美不胜收。

宋人诗意图壶

王西京绘
於凤娣制壶
高 9 厘米
底印　於凤娣制
盖印　於凤娣

王西京。1946 年生，著名画家，任陕西省美协主席。所绘宋人诗意图，笔致豪放，抒情达意传神。於凤娣（女），助理工艺美术师。

大哉乾元壶

张立涛书画镌刻
汤超制壶
高 7.2 厘米
底印　汤超
盖印　汤超

张立涛，著名书画镌刻家，1962 年生，中国书法家协会会员，山东美协会员，毕业于南京艺术学院美术系书法篆刻专业。其书画篆刻作品，以及国画青花山水、花鸟、人物彩瓷作品多次在全国举办个人展及联展并获奖。出版有《清华堂·张立涛书画紫砂集》等。先生的书画紫砂作品，意境含蓄高洁，笔致清逸潇洒多姿，极富金石韵味，刀法柔美而不失刚劲，颇得妙趣天成之风神。

汤超，助理工艺美术师。

春华秋实壶

张立涛书画镌刻
徐桂荣制壶
高 8.5 厘米
底印　徐桂荣制

此壶泥质温润细腻，造型丰腴浑穆。壶面镌刻果实累累挂满枝头，两个幼童自己动手打果，人物造型质朴生动，活泼可爱。

荷塘清趣壶

张立涛书画镌刻
徐桂荣制壶
高 8 厘米
底印　徐桂荣制

荷塘一隅，荷花怒放，英姿绰约，两条小鱼在水中自由地漫游。看，多么的温馨恬静。

大寿三千石瓢壶

张立涛书画镌刻
温彩兰制壶
高 7 厘米
底印　温彩兰制
盖印　温彩兰

树干穿插，树叶偃仰，三个硕大的桃子，沉甸甸挂于枝头。笔趣刀味，隽永传神。另一面书刻“大寿三千”。

申奥壶

葛军制
高 9 厘米
底印　陶人葛
NO　2008/1013

“以地球的半圆形作为壶体，正上方以中国地图覆盖，右下边以火焰点缀，象征全国人民如火如荼的申奥热情。摆放在中国地图正中央的壶钮，是由五色曲线构成的申奥标志。壶体色调和谐，富有动感和喜悦气氛。代表全中国人民申办2008年北京奥运会的共同心声。此壶综合运用印坯、喷绘、镌刻等多种技法，新意迭出。”（引自“陶人葛紫砂”）

葛军，著名陶艺家、高级工艺美术师。

世博『六合』提梁壶

邵顺生制
高 12 厘米
底印　邵顺生制
盖印　零壹

世博“六合”提梁壶，其六面锥体造型运用“六合”概念，以“和”的谐音，传递人类祥和的夙愿。“EXPO”字体的高浮雕造型和壶盖上篆刻的“东方之冠，鼎盛中华”主题，将传统文化与世博精神融入紫砂艺术之中，相得益彰。传达出泱泱大国博大浑厚的气魄，形与意的完美结合，令人赞叹不已。

邵顺生，1955 年生。高级工艺美术师，清代紫砂大家邵大亨第六代传人。

韵竹壶

芝莱（吴云根）制
高 15.5 厘米
底印　宜兴汤渡陶业生产合作社出品
盖印　芝莱

这把容量 1000CC 的大壶，由制壶大家吴云根特制，它是 1958 年“大跃进”的产物。造型端庄，圆润遒劲，制作精美，形神俱佳，书画亦精妙。然而，由于入窑火候出现异常现象而生窑变。若从另一个审美视角欣赏，就会发现有一种化腐朽为神奇之诗意图画。不禁联想起叶剑英元帅《八十述怀》“老夫喜作黄昏颂，满目青山夕照明”诗句，感叹自愧无诗才，以吟叶诗抒我八十心中之情怀。吴云根（1892—1969），原名芝莱，制壶风格朴实，光润内蕴，名重当代，影响深远。

松
趣茶
餘好
眠

紫砂书画合璧壶

沈蘧华制
谭泉海书画
高 9 厘米
底印　沈蘧华
盖印　蘧华
把印　蘧

壶体造型丰满有致，骨秀神清。陶刻家挥刀纵横，字体苍劲奇拔，风神韵致高雅。

沈蘧华（女），1939 年生，中国工艺美术大师。

谭泉海，字石泉，1939 年生，中国工艺美术大师。

我善养吾浩然之气壶

沈汉生制
高8厘米
底印　沈汉生制
盖印　沈汉生

此壶造型质朴，工艺精巧，气韵凝重而端正。壶腹镌刻《孟子·公孙丑上》句“我善养吾浩然之气”。养吾浩然之气是孟子哲学思想文化之经典。同时，他还阐述了道德修养至高境界：“可与之谓善，有诸己之谓信，充实之谓美，充实而又光辉之谓大，大而化之之谓圣，圣而不可之之谓神。”

沈汉生，笔名石羽，1946年生。江苏省工艺美术名人，研究员级高级工艺美术师，擅陶刻。

八方壶

李昌鸿制

高 10 厘米

底印　李昌鸿印

盖印　李昌鸿

把印　李

此壶造型简约大方，清秀柔美。壶腹刻竹石图。题写：“竹里泉声百道飞。昌鸿题。”巨石疏竹，出于自然而成竹于胸，有雅韵。

李昌鸿，1937 年生，中国工艺美术大师。

掇只壶

毛国强书画镌刻
高 10 厘米
底印　毛国强印
盖印　毛国强
把印　毛

此壶以优质段泥精工制作，壶体圆润秀美。壶腹刻坡石，石旁结出一硕大葫芦，一只蝈蝈于葫芦上小憩，须角灵动，自由自在地欢快鸣叫。作品将自然景物融入壶中，令观者品茗赏壶无不心旷神怡。

毛国强，字一粟，1945 年生，中国工艺美术大师。

清风竹韵壶

高振宇制
王政傑铭
高 8 厘米
底印　高振宇
盖印　宇

此壶造型丰盈圆润，线条简洁明朗，气韵贯通。壶腹刻竹石图。另一面刻“清风两腋只为饮茶多”诗句。竹君、石友、清风、佳茗寓于一壶，此种书画装饰达到了锦上添花的艺术效果。

高振宇，1964 年生，师从顾景舟大师，现为中国艺术研究院陶艺中心副主任，研究员。

案头伴君读壶

施小马制
达君书
高 8.5 厘米
底印　施小马制
盖印　施小马花印

此壶采用上等绿泥制作，做工精细，釉色莹润。壶腹刻“案头伴君读。乙酉年达君书”。另一面仿刻金石、瓦当、古币等，别有一番古雅风韵。

施小马，江苏省工艺美术大师。

兰桂清芳壶

吴林林设计
於凤娣制壶
吴优良书画
高 7.5 厘米
底印　於凤娣制
盖印　於凤娣

“兰桂清芳”壶是紫砂鉴藏家吴林林方家设计，于 2010 年春赠予。珍藏永保之。

大吉羊壶

吴群祥制
高 8.5 厘米
底印　吴群祥制
盖印　群祥

此壶造型简朴，线面合谐。双面刻双羊图案，行刀练达，具汉风古韵。
吴群祥，1954 年生，高级工艺美术师，为顾景舟大师入室弟子，得其真传，制壶风格鲜明，自成一家。

夙慧壶

葛陶中制
鲍志强书画镌刻
高 9.5 厘米
底印　中国宜兴
盖印　陶中

壶形古朴，不媚不俗。壶腹镌刻双鱼在月光下漫游。另一面书刻“游心物外。醉陶斋乐人书”。写意抒怀，意韵悠长。

葛陶中，1957 年生，现为高级工艺美术师。

鲍志强，字乐人，1946 年生，现为中国工艺美术大师。

琼楼情韵壶

沈国洪制
壶粟绘
高 10.8 厘米
底印　博砂壶粟
盖印　国洪

琼楼情韵图，精妙如微地刻画两组人物：一组于荷塘边对弈览棋，多人围观；另一组人群神情专注地赏画。人物丰腴俊美，妩媚多姿，整幅画充溢着雍容高贵的气质。沈国洪，1968 年生，工艺美术师。作品内容丰富，典雅古朴，多件作品为海内外收藏家收藏。

三国演义匏尊壶

沈国洪制
喜雨写
高 11 厘米
底印　博砂壶粟
盖印　国洪

古典名著《三国演义》产生于明朝初年。作者罗贯中在史书《三国志》和民间传说的基础上进行创作，主要描写了曹操、刘备、孙权三个政治集团之间的矛盾斗争。该画面描写张飞、关羽、赵云、黄忠、马超五位战将皆骑战马，持刀拼杀，个个骁勇善战。

水浒传石瓢壶

沈国洪制
喜雨写
高 8 厘米
底印　国洪陶艺
盖印　沈国洪

施耐庵创作的《水浒传》，取材于北宋末年以宋江为首的梁山泊农民起义的故事。此画面宋江、武松、鲁智深、吴用、李逵、林冲六位小说中的重要人物栩栩如生，达到了较高的艺术水平。

西游记掇球壶

沈国洪制

喜雨写

高 11.8 厘米

底印　博砂壶粟

盖印　国洪

古典名著《西游记》由明代小说家吴承恩编撰而成。此书描写的是孙悟空、猪八戒、沙和尚保护唐僧西天取经，长途跋涉不畏艰难险阻的神奇故事。画中描绘他们四人去西天取经途中，人物刻画细腻生动。题款写："敢问路在何方。庚寅春，喜雨写。"

熊猫壶

沈国洪制
高 9 厘米
底印　国洪陶艺
盖印　沈国洪

作者将一壶四碗设计成熊猫妈妈与四只小宝宝亲妮在一起，作品展示给人们的是紫砂艺术之真、善、美。

清风壶

沈国洪制
徐安碧书刻
高 7 厘米
底印　陶言人　绿茶
盖印　沈国洪

以竹饰壶是紫砂壶常见的题材，作者不循常规，赋予竹壶以新奇之趣味，线条刚柔相济，造型新颖脱俗，婉约旖旎。陶刻家徐安碧先生以刀代笔，挥笔潇洒有奇趣，为壶艺倍增异彩。

沈国洪，工艺美术师。

徐安碧，中国陶瓷艺术大师。

传炉壶

储集泉制
若泉书
高 8 厘米
底印　中国宜兴
盖印　集泉

大传炉壶为民国制壶大家俞国良先生首创，1932 年美国芝加哥博览会获优秀奖。储先生此仿作严谨规整，朱红泥莹润，古色古香。铭文“消烦滌氛，若泉”。此壶作于 20 世纪 60—80 年代。
储集泉，1954 年生，现为研究员级高级工艺美术师。

海天佛国壶

丁洪顺制
高 7 厘米
底印　丁洪顺制
盖印　丁洪顺

造型朴素、沉静、肃穆，是作品所追求的意境，也正是作者高明之处。
丁洪顺，1955 年生，高级工艺美术师。

双兰壶

杜俊敏制
高 10.7 厘米
底印　杜俊敏制
盖印　杜俊敏

我与老伴的名字皆有一个兰字，故蜗居取名“双兰斋”。著名画家林锴先生为本斋赐作“双兰图”，恭请陶艺师杜俊敏先生作壶，并请陶刻家依壶摩刻双兰图。赏墨宝原作与赏壶饮茗，各有异趣。

古民居壶

杨光树制
高 9 厘米
底印　杨光树制
盖印　杨光树

作者以写实技法镌刻古风古韵古民居图，刀法细腻精准，刻画生动。

游子吟壶

陆新君制

石菊镌

高 8 厘米

底印　陆新君制

盖印　陆新君

唐代诗人孟郊《游子吟》:“慈母手中线，游子身上衣。临行密密缝，意恐迟迟归。谁言寸草心，报得三春晖。”这首千古吟咏的母爱颂，曾引起古今无数读者赞叹与共鸣，以诗画装饰于紫砂壶者不多见。

文明时代壶

葛军制
高 10 厘米

“文明时代壶荣获第一届中国陶瓷艺术展金奖。壶的造型并不特别，更多的是作为创作意图的形式载体。表面处理得光滑漆亮，略带变形的方状纹，如同历史遗落的基石，上面各种文字、符号，象征人类留下的文明痕迹。在可供注水也可以流水的形式中，给人以岁月流淌的遐想。”

（引自徐秀棠、山谷编著《宜兴紫砂珍品》）

葛军，高级工艺美术师。

天世（心）月圆壶

蔡俊制

高 10 厘米

底印　古今斋　罗文华设计

尹长江监制

盖印　蔡俊

此壶是为弘一大师诞辰 120 周年而特制的纪念壶，造型肃穆端庄；壶腹刻“天世（心）月圆”四字篆刻；另一面书刻“纪念弘一大师诞辰一百二十周年”，寄托着人们对这位先贤的崇敬缅怀之情。

东坡提梁壶

杜俊敏制
石泉书画
高 21 厘米
底印　杜俊敏制
盖印　杜俊敏

传北宋大诗人苏东坡在蜀山讲学时，曾亲自设计一款提梁茶壶，后人就把他设计的提梁壶称“东坡壶”。青年陶艺家杜俊敏先生应笔者所求特制东坡提梁壶。壶腹刻“清心”二字及山水图。赏壶思古，颇耐玩味。
此壶制于辛巳年（2001 年）

夕阳红壶

暕公制
高 8 厘米
底印　龙山暕公
盖印　暕公

壶生窑变，犹如绚丽晚霞，故冠名“夕阳红”，寄托对夕阳无限美好的祝愿。
铭文：“年少不知勤学苦，方恨白发读书迟”；“室静时闻翰墨香。文心。”箴言劝勉，真切感人。

龙窑壶

王晓军制
高 8 厘米
底印　晓军制壶
盖印　王晓军

这把龙窑壶，古韵凝重，构思立意、设计理念极富想象力和创造性，让观赏者感受到一种新的美学境界。品读千年紫砂沧桑历史，领悟紫砂文化之魅力，让传统紫砂艺术视觉美域得以延伸。
王晓军，工艺美术师。

清芬悠远壶

鲍利安制
谷溪画
高 10 厘米
底印　鲍利安
盖印　鲍利安 .

此幅“双清”图，布局简洁，兰与水仙花姿叶貌意态自然，超逸不凡。
鲍利安，高级工艺美术师。

舞春壶

施小马制
石君书画
高 11 厘米
底印　施小马制
盖印　施小马

壶体丰满，结构严谨，实用与审美俱佳。壶腹刻一位年轻姑娘在春暖花开时节赏春景。

施小马，江苏省工艺美术大师。

鱼罩壶

陈杰制
高 7 厘米
底印　陈杰陶艺
盖印　陈杰

鱼罩壶是传统紫砂壶样式之一，历代皆有仿造。此壶采用绞泥工艺制作，规整考究，双色泥料浑然天成，切壶切题，意趣盎然。

易经句壶

鲍燕平制
乐人铭
高 9.5 厘米
底印　鲍燕平制
盖印　鲍燕平

鲍燕平（女），工艺美术师，鲍志强之女。
鲍志强，字乐人，中国工艺美术大师。

牛盖莲子壶

何燕萍制
高 8 厘米
底印　何燕萍制
盖印　何燕萍

何燕萍（女），工艺美术师，
何道洪大师之女。

双骏壶

强德俊制

散如郑连群绘双马　石斋刻

高 12 厘米

底印　强德俊制

盖印　强德俊

此壶造型雍容华美，泥质细腻莹润。壶腹浅刻双骏图，薄刀利刃，线条流利飞动，类似国画白描，线条若春蚕吐丝，似行云流水，潇洒飘逸多姿，生动地刻画出体魄强健的双骏，形神兼备，活灵活现。

强德俊，1957 年生，高级工艺美术师。

三孔流竹壶

李碧芳款
高 8 厘米
底印　李碧芳制
盖印　碧芳

优质黄金段泥料，精工细作，品格不凡。

六方如意壶

吴云根制
高 7.5 厘米
底印　吴云根制
盖印　云根

吴氏艺术造诣深厚，制壶技艺高超，尤擅筋纹器。这把六方如意壶，壶体匀称合谐，风韵秀雅。壶盖如意筋纹与壶腹、壶钮如意筋纹紧紧相连，委婉飘逸的线条，充满韵律之美感。

吴云根（1892—1964），是新中国成立后承前启后的老陶艺家，为江苏省政府任命的七位老艺人之一，在紫砂界享有盛誉。

如意仿古壶

周桂珍造于2010年之春
高8厘米
底印　周桂珍造
盖印　桂珍
把印　桂珍

如意仿古壶为顾景舟大师代表作品，骨肉亭匀，神韵尽显。大弟子周桂珍先生得恩师真传，仿制精雕细琢，形神兼备。
周桂珍（女），1943年生，中国工艺美术大师。

小福泉壶

顾绍培制
高 7 厘米
底印　绍培
盖印　顾绍培
把印　顾

造型圆润秀逸，不事雕饰，去繁求简，凸显光素器纯净典雅之美。制壶技艺精湛，极宜饮茗，观赏性与实用性俱佳。

顾绍培，1945 年生，中国工艺美术大师。

僧帽壶

葛明仙制
高 13 厘米
底印　葛明仙制
盖印　葛明仙

僧帽壶原为元代景德镇青白釉瓷器，最初由时大彬移作紫砂壶形，而后历代紫砂艺人皆有仿造。但制作难度较大，其成型技术是 24 块大小厚薄不同的泥片镶接而成，无娴熟技艺难以为之。葛氏制壶技艺精湛，对经典作品的精、气、神的心悟与把握恰到好处。天工造物，品格卓异。

葛明仙（女）（1939—2007），高级工艺美术师。

掇球壶

周桂珍制
高 11 厘米
底印　中国宜兴
盖印　桂珍

掇球壶系民国著名陶艺家程寿珍精典作品。壶身做球形，壶盖做半球形，球形钮，整个器形以大中小三个球体叠积而成，于 1915 年在美国“巴拿马国际赛会”上获头等奖。周桂珍先生仿制技艺精熟，程氏遗韵犹存，达到形式与功能的完美统一。此壶作于 20 世纪 60—80 年代。

水利壶

吴亚亦制
高 9 厘米
底印　吴亚亦制
盖印　吴亚亦

壶钮塑做水坝形，壶盖上饰波涛纹，壶身上端饰闸门大开江水奔流而下，与壶身下端麦穗纹相呼应。造型严谨合度，端正秀逸，是一把绝妙的好壶。

吴亚亦（女），1954 年生，高级工艺美术师。

沉思壶

施小马制于 2001 年
高 8 厘米
底印　施小马制
盖印　小马

作者以传统技艺手法糅以创新设计理念，造型新颖，简约秀雅，气韵内敛，具有独特形式美感。壶的名字更耐人寻味。

六方宝鼎壶

陈浩生制
高 12.5 厘米
底印　陈浩生制

从壶钮到壶身、流、柄皆为均等六面，线条挺拔，棱角分明，有一种古穆沉雄之气概。

蜗牛壶

蒋彦制
高 8 厘米
底印　蒋彦
盖印　蒋彦

蒋彦，研究员级高级工艺美术师。

何氏壶

何燕萍制
高 9 厘米
底印　何燕萍制
盖印　何燕萍

何燕萍（女），工艺美术师。

四方抽角菱花壶

潘凌燕制
高 9 厘米
底印　潘凌燕制
盖印　潘凌燕

该壶荣获第六届中国工艺美术大师精品博览会银奖。
作者潘凌燕（女），作品多次在国内外展览中获奖，2000 年被中国工艺美术学会授予“中国紫砂优秀中青年陶艺家”称号。

菱花线元壶

周锋制
高 7.5 厘米
底印　周锋制陶
盖印　周锋

造型丰满圆润，泥色醇美质朴无瑕，线条简洁流畅，舒展自然。

方韵壶

何其仙制
高 8.2 厘米
底印　何其仙
盖印　何其仙

此壶采用宜兴黄龙山纯正紫砂“底槽清”珍稀泥料手制而成。富贵华润如真铁之泥色，气宇轩昂之风姿，雄浑壮观。

何其仙（女），助理工艺美术师。

虚扁壶

葛陶中制
高 8 厘米
底印　陶中造壶
盖印　陶中

造型自然质朴，天青泥色淡雅洁净，作品展现“朴素而天下莫能与之争美”之风姿。

一品清莲壶

史爱明制
高 6.5 厘米
底印　爱明陶艺
盖印　史爱明

精选天青泥料创作“一品清莲”壶，体现作者的文化品位与巧思设计。纯净素淡的天青泥料与莲花“出淤泥而不染”的高贵气质契合，简洁的造型与作品主题相宜，展现作品形、意、情整体和谐统一之美。

史爱明，中国工艺美术师，师从徐秀棠大师，擅制花货。

合菱壶

郑知仁制
高 8 厘米
底印　郑知仁制

合菱壶为清末、民国一代制壶大家范大生创制，上下三组如意菱花纹交错重叠，犹如绽放的菱花，雅丽俊俏，颇富审美情趣，郑知仁先生仿名作得形准而神生之妙。

六方石瓢壶

施小马制
高 8.5 厘米
底印　施小马制
盖印　小马

这把六方石瓢壶，壶身、壶盖、壶钮、壶流及壶底足皆为六方，结构严谨，线面简洁，棱角分明，端庄刚劲而大气。

汉云壶

华健制
高 7.8 厘米
底印　华健制陶
盖印　华健

汉云壶为顾景舟大师代表作。华健先生仿名作施艺严谨，做工精细，线条流畅，口盖严密，典雅隽永，舒展润眼。华健，1964 年生，高级工艺美术师。

鸭形壶

丁洪顺制
高 9 厘米
底印　丁洪顺
盖印　丁洪顺

壶体以鸭仿生造型，壶咀似鸭咀形，壶把似鸭尾状，壶钮塑做潜水鸭子，造型艺术感颇强，是一把仿生形佳作。

仿古盉形壶

谈跃伟制
高 10 厘米
底印　谈跃伟制
盖印　谈跃伟

盉，中国古代青铜器中的酒具，有三足，造型质朴古雅。作者仿古器得心应手，不失古韵风神。
谈跃伟，1959 年生，高级工艺美术师。

梅桩壶

陈明远（仿）
高 10 厘米
底印　陈明远制

樱桃壶

范洪初制
高 8 厘米
底印　范洪初制

范洪初，1963 年生于宜兴陶艺世家。工艺美术师，优秀中青年陶艺家。

菊花壶

骆际凤制
高 8 厘米
底印　骆际凤制
盖印　际凤

竹顶壶

悦琴制
高 13 厘米
底印　悦琴

树桩壶

孙益明制

高 8 厘米

底印　孙益明制

盖印　孙益明

掇只壶

王益芳制
高 11 厘米
底印　王益芳制
盖印　王益芳

壶体圆润隽秀，朱砂泥料珍稀，彰显紫砂艺术朴实无华之美。

佛手壶

张展荣制

高 7 厘米

底印　张展荣制

盖印　展荣

以佛手形为壶体，造型逼真，舒畅润眼。壶把壶盖贴花考究，细腻生动，极富审美情趣。

张展荣，陶艺家。1964 年生于宜兴陶艺世家，自幼习陶为乐虚心好学，在名师指导下，陶艺日臻成熟，以传统纯手工制作花货著称。作品在国家级、省级工艺美术大师精品展示中多次获奖。2008 年被中国收藏家协会授予“2008 年中国收藏家喜爱的紫砂艺术大师”荣誉称号；2009 年经专家和收藏家共同评选为“中国百名优秀紫砂艺术家”之一的殊荣。

太极八卦壶

杨仁芳制
高 9 厘米
底印　仁芳制陶
盖印　杨仁芳

南瓜壶

高 12 厘米
底印　张展荣制
盖印　张展荣

该壶以南瓜形为壶体，瓜柄做壶盖，瓜藤饰提梁，瓜叶为嘴。通体丰盈秀丽清雅可人。瓜叶旁贴饰一小甲壳虫爬行，壶静虫动，盎然有趣。张展荣，青年陶艺家。

佛手壶

顾学中制
高 8 厘米
底印　顾学中制
盖印　顾学中

该壶造型简约舒展，清韵有致。佛手寓意福寿双全，作品具造型美寓意美，赏心悦目的艺术效果。

顾学中，工艺美术师，擅制花货。

石瓢壶

储新强制　金田刻
高 8 厘米
底印　曼陀华馆

这事一件仿古紫砂壶。依老壶老款原样纯手工摹制，采用黄龙山天然老段泥，精雕细琢，原作遗韵犹存。制作于 2010 年。
储新强，青年陶艺家，1965 年生。从艺制壶 20 余年，刻苦钻研，技艺精熟，手法优雅细腻。作品追求“简于形，精于心”的创作理念和造型艺术与实用功能完美结合的制壶风格。精品佳作为壶友藏家所宝爱。

葫芦壶

范卫中制　达君镌刻

高 11 厘米

底印　卫中制壶

盖印　范卫中

古民居壶

杨光树制
高 10 厘米
底印　光树壶艺
盖印　杨光树

古莲子壶

储新强制
谭泉海书铭
高 8 厘米
底印　储新强
盖印　储新强

此壶以黄龙山清水泥纯手工制作。泥色纯净细润。壶体敦厚而又有古意盎然之趣。谭泉海大师精刻一幅山水图画。另一面刻“来试人间小圆月，异香先入玉川家。戊子冬月，泉海书铭。”精微刻画，笔笔不苟，方寸之间描绘江南山川之秀色，非大师之刀笔难以企及。

储新强，青年陶艺家。

谭泉海，中国工艺美术大师。

传炉壶

范志君制
木言铭
高 10 厘米
底印　志君壶艺
盖印　范志君

精选原矿本山段泥精工巧作，造型严谨合度，肌理滋润，形具神生。壶腹双面刻饰书画，书香气息愈加浓郁。

提梁孤棱壶

濮水芳制
钱茂生铭
高 15 厘米
底印　濮水芳制
盖印　水芳

壶体风格稳重，光润内蕴，制艺严谨，显示出提梁孤棱壶的古朴之美。壶腹镌刻一高士于松下抚琴。人物气节高迈，勾画简练，颇具逸致。另一面书刻：“二米重现，艺苑增光。钱茂生。”

宽仁厚德壶

许定华制云石刻
高 9.5 厘米
底印　定华手制
盖印　许定华

此壶泥料有一个美妙动听的名字叫“相思红”。何以冠此芳名，不解。经过数次保养之后，庐山真面目貌显露出来：布满壶体的朱红颗粒状光芒闪烁，灿若晨星，十分美观。这不禁让我想起王维那首脍炙人口的诗篇：“红豆生南国，春来发几枝；愿君多采撷，此物最相思。”赏壶咏诗何等畅怀惬意。

寿字壶

高 6 厘米

底印　雨后石泉鸣　孟目

松鼠葡萄壶

桑黎兵制（工作室）
高9厘米
底印　桑黎兵制
盖印　桑黎兵

斑驳的树枝塑成流、柄与摘手。藤叶茂盛果实累累，三只小松鼠嬉戏其间，活灵活现，整体造型清雅别致，卓有情趣。
桑黎兵，研究员高级工艺美术师。

风卷葵壶

蔡利平制
高 10 厘米
底印　蔡利平制
盖印　蔡利平

依清代制壶大家杨凤年创制之风卷葵壶样，精工细琢紫砂茗壶之杰作。微风吹拂葵叶的动感，线条流动起伏的旋律，增强壶之气韵和美感。朱红泥色纯净，光彩鉴人，品茗把玩令人赏心悦目。

蔡利平，1964 年生于宜兴。青年陶艺家，助理工艺美术师。对花货艺术造型设计颇有钻研，作品形象逼真。多次在重大壶类比赛中获得殊荣和好评。

大彬六方壶

蔡美娟制
高 7 厘米
底印　美娟砂壶
盖印　蔡美娟

该壶完美而严谨的造型，典雅精巧。线条流畅，棱角分明，稳重大气而不失秀逸。

蔡美娟（女），青年陶艺家，出身于陶艺世家。自小耳濡目染，聪敏好学，又得益于多位名师悉心指教，制壶技艺进步很快。于十七八年的制壶实践中，积累了较丰富的经验，熟练掌握了各种传统精典款式紫砂壶技艺，精品佳作为藏家所青睐。

龙头圆珠提梁壶

蔡美娟制
高 16 厘米
底印 蔡美娟制
盖印 蔡美娟

龙头圆珠提梁壶是作者奉献给龙年的礼物，祈福龙年吉祥安泰。壶嘴饰龙头，壶钮成转动的圆珠，壶身圆润，突出造型空间感和视觉效果。蔡美娟（女），青年陶艺家。

思雪浪壶

沈汉生制
高 8 厘米
底印　沈汉生制
盖印　汉生
把印　石羽

作品造型丰盈端庄，书画精妙，刀法苍劲老辣。品茗欣赏，玩味不尽。
沈汉生，字石羽，研究员级高级工艺美术师。

缘壶

沈云兰制
李昌鸿铭
高 10 厘米
底印　沈云兰制
盖印　沈云兰

这是一把精选黄金段泥全手工制作，创意新、造型美、制作精的茗壶。于 2010 年 10 月在十二届中国工艺美术大师精品博览会（国家级）上荣获银奖。其外观秀美，内涵深邃，颇有艺术造诣。它将龙与凤、吉祥如意传统文化元素融入紫砂艺术之中，又饰以高底座将壶托起，大大增强了紫砂壶的典雅华贵和观赏性。中国工艺美术大师李昌鸿先生书“缘”字，又有画龙点睛之妙。

沈云兰（女），1972 年生，青年陶艺家，高级工艺美术师。师从顾道荣先生，受业于张守智教授。基本功扎实，制壶技艺娴熟。作品工精艺美，曾在全国紫砂壶展获金、银奖 9 项。

提梁一粒珠壶

沈云兰制
高 9 厘米
底印　沈云兰制
盖印　沈云兰

该壶选用老矿段泥全手工制作，壶身饱满圆润，壶腹刻饰第 29 届北京奥运会吉祥物——五个活泼可爱的小福娃，给人以一种温馨的视觉效果，唤起观者难忘的奥运记忆。竹条装饰提梁，与紫砂相配，不同材质和色彩的变换，增强了装饰效果和观赏性。

沈云兰（女），青年陶艺家，高级工艺美术师。

高南瓜壶

沈云兰制
高 8 厘米
底印　沈云兰制
盖印　沈云兰

该壶选用老矿段泥全手工制作。泥质细润，手感极佳。制作精致，口盖严密，贴花细腻，生动活泼，是一把紫砂花货上品。
沈云兰（女），青年陶艺家，高级工艺美术师。

井栏壶

沈云兰制
毛国强书刻
高 7 厘米
底印　沈云兰制
盖印　沈云兰

这把传统样式井栏壶，采用老矿段泥全手工制作，规范考究，实用功能与审美趣味俱佳。中国工艺美术大师毛国强先生操刀镌刻“厚积薄发”四个篆字及一幅山水图，图中山峦叠翠，雄奇壮观。刀法苍劲，飘逸多姿，颇有龙飞凤舞之动势，精湛的壶艺，大家的刀工，两艺合璧，此为紫砂壶高格逸品。

沈云兰（女），青年陶艺家，高级工艺美术师。

毛国强，字一粟，中国工艺美术大师。